RACING THE CLOCK

活到老跑到老的生物學家
對時間節律與老化的
自然觀察和省思

跟生命時鐘一起跑

Running Across a Lifetime

伯恩・韓瑞希——著
陳岳辰——譯

Bernd Heinrich

推薦序

活到老，跑到老，享受到老

李偉文

長達將近三年的新冠肺炎疫情改變了許多事物，也打亂了許多人的生涯規畫，包括本書的作者，伯恩．韓瑞希，八十多歲的生物學家與超級馬拉松多項紀錄的締造者。

原本伯恩還想以八十歲高齡參加一百公里的超級馬拉松，但是因為疫情他決定打消這個計畫，這是生命時鐘教導的：人生這場旅程不適合太硬性的規則，隨著年歲增長，必須學會調適取捨，若以正面的角度看，身為科學家的他也體會到，精心規畫的行動很少孕育出真正的原創，反而各式各樣的意外更有潛力。

的確，如同詩人佛洛斯特說的：「我們必須願意鬆手放開計畫好的人生，才能進入正等著歡迎我們的人生。」雖然伯恩是廣義的科學家，科學尋求的是確定性，但因為他研究的是動物，對生命而言，任何事都要考慮到時間，同一時間從各方來拉扯我們的力量，使得生命中最確定的就是不確定。當我們能放開心胸，給生命本身的神祕留點空間，生命全新的可能性才得以在其間滋長。

伯恩放棄八十歲跑百公里馬拉松的計畫，從閣樓翻出幾個塞滿書信文件的大紙箱，開始回顧過往，才有了這本回憶錄。

他從十幾歲到八十幾歲，生命重心就圍繞在跑步，以及觀察自然做動物研究。人也是動物，他把自己當白老鼠，將人類跟大自然的動物對比，也讓我們能以更宏觀的角度看待生命歲月的成長歷程。

大部分的研究都認為老化和新陳代謝有關，因此壽命較長的大型動物新陳代謝比小型動物低，現代市面上賣得最夯的抗老化產品，就是各種可以減少自由基的維他命或植化素，而自由基就是新陳代謝細胞氧化的產物。

動物新陳代謝的速率最具體的表徵就是心跳的速率，有個假說認為哺乳動物一生的總心跳是個常數，把各種常見的哺乳動物平均壽命跟牠們的心跳數相乘，是一個固定數。而且心臟細胞跟身體其他細胞非常不一樣，幾乎是不會複製再生的；換句話說，心臟絕大部分構成的細胞從出生後都不會死掉，也不會複製後代，直到老年或因病停止跳動，人死掉了，這個跟我們活一樣歲數的心肌細胞才會死掉。

作者顯然很在乎這個說法，因為他父親年輕時也跑步贏過比賽，後來卻是完全不跑，就是擔心跑步會造成心跳加快而讓生物時鐘走得太快，提早衰弱和死亡。顯然這個新陳代謝假說古今中外都在流傳，因為古代人養生最重要的方法就是吐納，利用緩慢的吸氣與呼氣，降低心跳速率來獲得長壽。

作者終其一生都在思考這個問題、尋找答案，不過不管支持與反對，在科學上都缺乏足夠的證據。至於以個案來說，人的歧異度很高，活得健康又長壽的人裡，有從來都不運動的人，也有運動狂。英年早逝者，有運動健將，也有宅男宅女。目前科學研究傾向認為，輕微刺激能夠減緩老化並增加壽命，真正會降低壽命的刺激是高強度且長時間的運動。不過作者之所以可以到七、八十歲都還有能力跑一百多公里的超級馬拉松，或締造連續跑二十四小時沒間斷的超馬成績紀錄，這麼高強度卻還能長壽健康，或許多少也是他天賦異稟，因為他靜止時的心跳速度每分鐘不到四十下，比一般人六、七十下低非常多，所以他在劇烈運動時，即便心跳是他原本的四倍，也才達一百多下。

不過，即便如你我一般的正常人，比起幾乎所有動物都還會跑，因為人類的身體結構是所有動物中，最適合長程奔跑的。雖然有許多動物跑得比人類快，但是持續力都比人類差，在一望無際的草原跑馬拉松的話，除了人類，所有動物都會倒斃而亡，牠們沒有辦法像我們可以連續跑十個小時以上。據說現在非洲還有些原住民族，徒手追趕羚羊，跑到羚羊因為無法排汗體溫上升而倒斃，再輕鬆將其扛回部落。

有學者研究指出，人體的結構為適應長跑，演化出種種獨門武器，首先是從頭到頸部有一條韌帶，能在跑步時讓頭來回擺動平衡，加上臂部的穩定，足以讓身體保持流線省力的順暢度，再加上我們的嘴巴可以吸進大量的空氣，全身的汗腺更是一流的體溫調節器，這是許多動物缺乏的流汗功能。更重要的是，人類的大腦會給予持續跑步的狀態一種美妙絕倫的獎賞，有個名詞叫做「跑步者的愉悅感」，當人們跑到筋疲力竭、體力似乎要耗盡時，大腦會適時分泌大量的腦內啡，這是一種類似嗎啡的興奮劑，讓人情緒高亢，原本的肌肉痠痛、似乎要虛脫的感覺就此一掃而空，得以繼續往前跑。幾十萬年前，人類就是靠著跑步，免於挨餓而存活下來。

雖然人類天生就會跑，天生就喜歡跑，但是就像作者的體會，關於跑步、關於運動，還有關於人生諸多選擇，還是要量力而為，學會取捨。他注意到，人類會留意到生物時鐘，通常是外表或體內出現變化，但是實際上心智也會受到年齡影響。

年紀大，雖然因為體力而無法隨心所欲，但是只要懂得調適，年紀愈大，其實是愈快樂的，因為年長者比較會找樂子，或者應該說，比較容易從周遭平凡的事物中找到樂趣，而不必像年輕時那樣，必須到處找刺激才能開心。年長者也能體會到，快樂其實是一個內在的狀態，我們無法從外在事物中尋找到真正的喜悅。

而且，年紀大最大的好處是可以不必在乎別人的想法與眼光，我們也不再需要勉強自己去學不想學的東西，更不必勉強自己跟不喜歡，甚至討厭的人應酬往來，我們總算可以活得愈來愈像自己了！

年輕時總是匆匆奔波在半路上，總是正要去另外一個地方。走過青壯年，那些奔走與追求已經過去，反而能真實感受，此時此刻，此刻活著，此刻身體健康，此刻自由自在，此刻感覺愉快。這是生命中的大自在。

我們一方面要接受肉體的衰敗，但是另一方面也要繼續追尋賦於我們生命意義的目標，像是為他人奉獻、為群體奉獻、為某些目標奉獻，投入用智慧才能得以創造出的活動。我們在老年時應該保持足夠旺盛的熱情，這熱情能讓我們避免自我封閉。當我們透過愛、友誼或憐憫而為別人付出時，我們的生命是有價值的。

最好別太常想到老年，而要過著參與社會的生活，即使我們不再抱持太多不切實際的幻想，仍要繼續參與社會。

本文作者為醫師暨環保志工

推薦序

用心跑！

張俊哲

首先，我非常感謝商周邀我寫序。回想當初在瀏覽書稿不到五分鐘，我就倒抽口氣，然後自問：他們是不是找錯人了？

我必須承認：跑步從不是我的強項。疫情前我若還能拖著疲憊的身軀走出實驗室，每週固定到學校健身房報到個幾次，然後在跑步機上慢跑或快走個五十分鐘，就鐵定是當日最高成就了。這和作者伯恩．韓瑞希（Bernd Heinrich）的形象差距甚遠，因他曾是超級馬拉松的世界紀錄保持人。我大膽推測：今年已八十多歲的他，鐵定還跑得贏小他三十來歲的我，而且還遙遙領先！另外，我和韓瑞希雖然都是生物學家，但他是環境生理學者，而我則聚焦於基因與胚胎發育；簡而言之，他是巨觀世界的巨人，而我是微觀宇宙的宅男。不過，在讀完韓瑞希的自序以及前幾章書稿後，我毅然接受了商周的邀請，只因他對大自然的熱情感染了我，他對跑步的熱愛感動了我；還有，本書真的很好看！

我原以為韓瑞希會描述他「邊跑邊看」的心得，後來我才發現本書其實是他「邊跑邊想」的領悟。以韓瑞希研究熊蜂如何保溫和散熱的動機為例，他以超乎常人的狂熱進行，而且直言蜜蜂的飛行和人類的跑步異曲同工，都在解決體溫的問題。身為昆蟲學系的教授，我對昆蟲的飛行也很感興趣，例如沙漠飛蝗為何可持續飛翔百里，以及哪些基因可調控豌豆蚜蟲長翅，都是吸引我的議題。但相較韓瑞希的研究熱情，我也只能自嘆弗如。原因無他，只因韓瑞希具經年累月的長跑經驗，使他擁有比常人深刻許多的抗熱、保暖、緩喘、耐飢等經驗。當他發覺蜜蜂很可能做得更好時，自然迫不及待地想向牠們取經。

本書涵蓋韓瑞希對大自然的觀察，及其學思歷程。有趣的是，這段歷程是「跑」出來的！為了能讓讀者更貼近韓瑞希的感受，我特別打了通電話給一位酷愛長跑的前博士生，請教她為何會被此項運動吸引，且迄今仍樂此不疲？根據她的描述，她跑步時「自己」可以和「自我」產生寧靜的對話，還有跑後可感受到前所未有的通體舒暢，是長跑最吸引她的地方。我實在羨慕她和韓瑞希在跑步中可以從容地和自己進行心靈的對話，好像邊跑可邊作筆記，而且跑後還特別珍藏這份「生理學」加「心理學」融合在一起的筆記。當然，韓瑞希把筆記特別集結成冊，造就了這本書的誕生。

如同前述，我因不擅跑步，所以未曾有韓瑞希如此深刻感人的體會。誠實而言，自己有過的長跑經驗都是服役或受訓時被逼著跑。在氣喘如牛的狀態下，滿腦子只想著要達到要求的成績，遑論還能和心靈進行對話。有趣的是，近幾年主動走上跑步機後，就強迫自己不看手機；約莫在二十分鐘左右，竟能開始有思緒澄清的感受。儘管跑步機前方的牆上電視常播放著運動賽事，造成另類的干擾，但我有時竟可想像自己是某位球員，然後興起哲學性的思考，自問：我，為何而戰？帶著這類的疑問，讓我更想好好地再把這本書讀一遍，以利找到答案。

韓瑞希多次提到「時間」對動物生理變化，以及對他跑步生涯的衝擊。書中有好幾段的謙虛自省，頗有歲月不饒人之意。然而在更多的章節，我體會到他其實是想藉由「生命時鐘」這個主題，表達他對大自然既運行有序，且千變萬化的熱愛。我研究胚胎發育好些年後，才領悟到動物其實在出生的那一刻，即走上老化之途。很不幸地，人類悄然地將「老化」和「不幸」劃上等號，且將錯就錯已久。然而時刻在老化的生命，依然可以轟轟烈烈，自得其樂，見證也如雲彩，韓瑞希本人即是最佳一例。我認為他是位「與時俱進」，更是「與時俱競」的跑者與學者。我們雖互不相識，但誠願和讀者們分享、推薦這本好書。

本文作者畢業於國立台灣大學農化系、生化科學研究所、英國劍橋大學遺傳學系；現任台大昆蟲學系教授兼出版中心主任。熱愛教學、研究、寫作

推薦序

跟自己的生命時間一起前進

張東君

從前，在上個世紀我還在京都大學念書的時候，系上曾經邀請「唱歌的生物學家」本川達雄博士來幫我們上「集中講義」。那是只有幾天的密集課程，連著三、五天從早到晚上課，時間相當於修習一個學分的量，上完後也是得到一個學分。

本川博士之所以被稱為唱歌的生物學家，是因為他本人會作詞作曲，把生物學的知識寫成歌、作曲請他的夫人彈鋼琴伴奏、製成錄音帶，加上歌詞卡發給學生。當然，上完課的我們也都一人得到一捲錄音帶，其中包括了人類演化的歌、珊瑚的歌等等。但是除了他的歌，最為一般大眾所知的是他寫的書《大象的時間，老鼠的時間》。

他說每種動物的總心跳次數都是一樣的，大象的心跳次數慢，所以活得久；老鼠的心跳次數快，就活得短。於是聽過他說，或是看過他的書的人，就會算算自己的心跳，然後去看運動員的心跳次數是不是比較慢（但功率好）、活得久（假如不出意外的話）。

《跟生命時鐘一起跑》的作者就像是最好的見證人一樣。他既是傑出的動物學家，又是位超級跑者，創下各種紀錄。我不跑步，但是身邊有不少跑國內外馬拉松的朋友。我同學的家人跑那種花四天從瑞士翻山越嶺跑到義大利再回來，將近一百八十公里的越野馬拉松，或是參加國際越野滑雪比賽⋯⋯我非常佩服他們。而且他們在自己的正職工作上也都非常傑出，真的就像本書作者一樣，「文武」雙全。

閱讀本書，我們會發現作者不只是跟著生命時間一起跑，而且跑步的時間也是他思考生命的時間。從毛毛蟲到糞金龜、蜜蜂、青蛙、老鼠等等，然後從觀察蜜蜂的行為來比對跑步的能量分配、再看老化與新陳代謝、看休眠與冬眠、看生物時鐘。跑步，不只是從一個地方到另外一個地方的手段。有人單純的只是喜歡跑步，為跑而跑（就像小說《陸王》的主角），也有人為了放鬆而跑、為了思考而跑。但是能像作者這樣結合跑步與科學、融合動物生理的研究及跑步的原理，並在兩個領域都極為傑出的人當然屈指可數。縱然如此，這本書的內容卻完全不會讓我們覺得動物學和我們的日常生活距離很遠，跑步也不用追求名次，只要隨著自己的步調就好。有時候休息一段時間，才能夠讓自己跑得更快更遠。

八十歲的動物學家還在跑、還在參賽、還在做研究。我九十歲的指導教授還在演講、分享研究成果。不是不服老，而是調整自己，看自己能夠做到什麼程度。這本書，不只是講動物、講跑步的科普書，更是讓我們向動物學習生活、向作者學習怎麼跟自己的生命時間一起前進的書。

本文作者為科普作家

推薦序

腳步邁開的同時，用身體寫下與生命的對答

楊智凱

本書作者伯恩．韓瑞希用科學解析生物現象、用雙腳跑出生命的樂章，一天二十四小時，共有一千四百四十分鐘，每個人的時間都是一樣，但韓瑞希這本書寫出了科學家最擅長的時間安排及超高效率。

這也讓我想起生活與跑步的關係。我出生在台中，從家裡到僑忠國小的距離是一．三公里，那段路程會經過一大片水稻田，走在一個寬度不到二十公分的排水邊溝，長度大約四百公尺，看似危險的路徑，卻是訓練平衡的絕佳機會，溪溝旁生長著馬來眼子菜、禺毛茛、水丁香等植物，而吸引我們走這條路的原因，在於它是到達學校的最短路徑，穿越之後會經過村子的民間信仰中心得天宮，裡面奉祀天上聖母（現多稱為頭家媽），不久會穿過一大片烏葉荔枝園，經過一處水泥廠，學校就到了。這個景觀持

續了六年之久，由於我風雨無阻，國小畢業時獲得的唯一獎項竟然是全勤獎，至今仍感到驕傲。一年上課大約兩百天，也就是我在國小生涯走了三千一百二十公里。在那懵懵懂懂的年代，如果做錯事情，長輩總會拿著藤條追出來，那時候大多是用這種方式讓孩子記住犯錯或者要更努力，鄰居們都知道我常常奔跑於大街小巷，可見我小時候有多麼讓長輩頭疼，而住家旁邊的巷子是我最佳的逃跑路線，一路赤腳火力全開的一百五十公尺衝刺，讓藤條追不到我的車尾燈，最後總會聽到家人呼喊著「回來啦」⋯⋯儘管最終免不了處罰，拿著板凳高舉過頭。這樣的畫面雖然隨著年紀增長而次數減少，卻也練就了我瞬間的爆發力，後來代表學校參加鄉運，比賽項目是兩百公尺，結果並未獲獎。接著又報名參加路跑比賽，距離是五公里，那次我拿下了國小學童組第三名，想想如果可以發表感言，這些都要歸功於長輩的愛，才讓我有滿滿的續航力跟爆發力。

國中選擇了當時新成立的潭秀國中就讀，我是第三屆畢業生，從家裡到學校的距離變成三．三公里，交通工具是腳踏車。由於我與變速腳踏車的緣分較淺，它時常離我遠去，所以後來我改騎淑女車上學，騎著淑女車奔馳在省道三號與變速車的競賽，在我的青春歲月中每天上演。那段時間印象最深刻的跑步經驗是到台中棒球場看味全龍及兄弟象的職棒大戰後跑回潭子，因為球賽結束後口袋已無足夠的錢讓所有朋友一起搭車回家，於是眾人馬路旁集合，一路跑回潭子，距離是五．三公里。

後來到了台中高農森林科就讀，一連串的跑步是因為加入了軍樂隊，雖然沒有橘高校的熱情洋溢，但是為了訓練肺活量，每天下午總在操場上盡情揮灑，除了維持森林科在體力上的要求，萬萬沒想到再次開啟我最瘋狂的體育競賽活動，高中三年的運動會我參加的項目包括一百公尺、兩百公尺、四百公尺、八百公尺、三千公尺、四百接力、一千六接力及跳遠，只要參加必定得獎。之後到了中興大學森林系就讀，持續參加各種徑賽活動都獲得不錯的名次。

後來我發現，在生命中的每一個階段，只要跑步就會有好事情發生：我可以聆聽著心跳聲，感受真實的存在感；可以與自己深層對話，完全沒有遮掩的必要——這大概是我在跑步過程中最大的感想。出了社會的第二份工作，是到國立台灣大學生物資源暨農學院實驗林管理處擔任研究助理，那時候的我，會在下班後前往附近的前山國小參加社區大學課程，既是生活薰陶，也可增加新知。上課之前，我總會到操場去奔馳幾圈，後來則養成習慣，到附近幾個小學操場跑步。每個人都有自己喜好與擅長的項目，我的學術專長之一是植物分類，所以在跑操場時總會看著樹木，唱名植物的中文名及拉丁名，清點著它們的株數與性別。看似放鬆的事情，最後讓我在《台大實驗林研究報告》中發表了五篇校園植物多樣性的學術報告。為什麼呢？事情開端相當有趣，我一個好同事因為父母要幫他安排相親，為了有較好的體態決定減肥瘦身，下班之後，我跟他相約開啟「跟著老師動一動」的體育課。我跑完二十圈（四公里）後告訴對方，趁著跑步的時候我已經看完校園的樹種、清點完數量了。這位同事是昆蟲學家，我隨口問了一句，你有沒有在跑步時觀察昆蟲……後來我們覺得研究人員怎麼可以這麼沒效率呢！都要運動了，乾脆順道調查校園植物。就這樣我們從竹山鎮開始，接續鹿谷鄉、水里鄉至信義鄉，走訪了五十八間學校，細數了一萬六千七百六十八株樹木，成為國內少數較完整的校園植物研究。

最後，我想要跟大家分享，本書作者韓瑞希是一個偉大的生物學家，同時也是一位不可思議的跑步選手，透過他的視野，你會想要細數自己生命中與運動的連結，在每一個階段沉澱之後，當腳步再次邁開的同時，繼續用身體寫下與生命的對答。或許你也該跨開步伐，感受風吹過臉頰、耳朵聆聽城市動物的鳴奏曲、雙腳踏在土地上的起伏，以及用心感受這塊土地的脈動。你多久沒跑步了？當你看完這本書，會有滿滿的饗宴與不可思議，再次踏上「健人就是腳勤」的運動。

本文作者為國立屏東科技大學森林系助理教授

推薦序

用長跑照亮一生中人體的變化

蔡明哲

一位屢獲殊榮、深受喜愛的生物學家將目光轉向自己，用他的長跑來照亮一生中人體的變化。伯恩．韓瑞希（Bernd Heinrich）或許是你我從未聽說過的跑步者。他是一位在昆蟲生理和生物科學領域享有盛譽的生物學家，發表了許多科學論文和書籍。他同時是一位敬業且成就非凡的馬拉松（和超級馬拉松）跑者，他在三十九歲時贏得了人生中的第一次馬拉松比賽。

伯恩．韓瑞希撰寫這本書，主要在探索自然與人類之間的連結，尋找我們衰老的原因、新陳代謝的方式、食物選擇和運動可能影響我們壽命的答案。為什麼有些人的壽命與其他人不同？我們對這個過程能有多少控制權？作者帶著他整個職業生涯的研究成果，以其經典著作《我們為什麼奔跑》（*Why We Run*）的精神，探討了我們如何使用能量並繼續適應多變的環境問題。除此之外，他還研究隨著年齡的增長，我們的身體如何變化、我們如何應對（如果不能克服）其中的許多變化，以及所有這些告訴我們關於進化和生命、健康和幸福的機制是什麼。

本書主要在探討「老化」，作者在書中分享了他參加的幾場馬拉松比賽。我們常說「活到老、學到老」，「老」了以後不僅選擇越來越少，連考慮正確選擇的時間也越來越短。但對伯恩．韓瑞希而言，則是「活到老、跑到老」。生物時鐘留給我們的選擇也不再適合追求特定結果，比較好的做法是見機行事、量力而為。乍聽之下，或許有種妥協認輸的味道，但相較於強加不切實際的期待在自己身上，「量力而為」才是可行的變通之道。

大自然瞬息萬變，無論花鳥蟲魚、樹木人類都一樣，生命必須保留彈性，經過演化不只發展出每日一回的小循環，還有每年一度的大循環。總之，衰老是人生不可避免的過程，壽命與物種相關，無論動植物皆然。這本書總共編撰十七章節，提供了引人入勝且令人驚訝的結論，伯恩．韓瑞希的論點是：「人經過訓練，以耐力、智慧與欲望，可以與生命的時鐘賽跑。」他同時帶領讀者思考人類如何運用身體的能量，以及如何適應我們周遭的環境。

本文作者為國立台灣大學森林環境暨資源學系教授暨實驗林管理處處長

不聞不若聞之，聞之不若見之；見之不若知之，知之不若行之；學至於行而止矣。

——《荀子・儒效》

目錄

前言

我和很多人一樣，靠寫日記保存生活點滴，追憶時間的流逝。一般而言，跑步的人會記錄自己在特定時間內能跑多少，看看何時能達到理想成績。我的情況還多了個額外計畫：我曾預計在八十歲時長跑一百公里，留下特定年齡的世界紀錄，算是以自己當作白老鼠，實驗成功以後出書告訴大家。

作為生物學家，我的生活主軸就是觀察自然環境、提出問題，然後進行實驗。所以我不斷尋找合適的主題，實驗過的對象包括天蛾、蜜蜂、熊蜂、蝴蝶、食蚜蠅、舞虻、巨蜣螂、尺蠖蛾、烏鴉、渡鴉、吸汁啄木鳥、鳶尾花、美國板栗、紅松鼠等等，相關研究都有發表。閱歷多了以後，我感觸頗深：天生萬物各有巧妙，然而共通處遠多於相異處，可謂系出同源。因此偶爾我會嘗試將過往所學運用於人類，例如以自身做實驗，觀察蜂蜜、蔓越莓汁、橄欖油、巧克力冰淇淋、啤酒、嬰兒食物、小餐包作為跑步時的能量補充，能夠發揮多大功效，還盡量重複操作以求準確。不過針對年齡做實驗可就不同，每個歲數過了就是過了。二〇二〇年四月十九日是我八十歲生日，原本我計畫滿八十歲後沒幾天就動身挑戰百里長跑。

但後來我人坐在火爐邊的沙發上，與西緬因州山區的無邊森林彼此相伴。過去十年我一直住在這兒。在此之前，約莫六十五年的歲月裡，我將此地視為精神層次的故鄉。屋外雪大風急，望向日曆，我看見了八十歲零三天的自己，以及預計百里長跑的日期和地點——四月二十六日，康乃狄克州瓦拉莫湖。儘管這個行程是二〇一九年十一月就決定好了，結果卻碰上疫情爆發導致封城，連前一週的波士頓馬拉松也得取消。撇開新冠不談，其實那年十一月底之後我也暫時沒辦法跑了，因為先前某日午後在大風雪裡追逐野鹿，追到住處附近的霍頓岩（Houghton Ledges）峭壁時腳踝扭傷，一時半刻不能激烈運動。

百里長跑計畫擱置以後，日記主題改成我在周圍森林的所見所聞，比方說今晨四點四十六分天色未明時，我寫的是：「世界被白雪覆蓋，彷彿凜冬仍未過去，但林間空地的積雪上卻能看見俗稱『木鴉』的鷸。每逢破曉時分，牠們會先站在地面反覆『嘎嘎』叫個幾回，然後飛上半空展現華麗舞姿，完全沒將昨天與夜裡的暴風雪當作一回事。等太陽出來不知還能看到什麼？去年菲比霸鶲、隱士夜鶇、冬鷦鷯回來得有些太早，牠們現在是要起身南遷呢？還是會被生物時鐘限制了行程，繼續待在這兒築巢歌唱？」

科學尋求確定性。至少以物理學、化學，或許還包括天文學而言，現象或成果轉換為數學公式以後，並不隨四季更迭做調整。然而對人類自身來說，幾乎任何事情都要考慮時間，生命中最確定的就是不確定。生命和時間的密切關聯就如同萬有引力定律那樣真切。沒有時間就沒有演化，甚至連生與死都無法成立。時間是生命的根基，而同一時間從四面八方而來拉扯我們的力量與其結果，則經由物理和化學得到解釋。

許多微小的事件時時刻刻持續發生，其影響如漣漪擴散，蔓延至時間盡頭。一條路即使走不通了，也能刺激我們思考，促使我們另闢蹊徑、開創從未想像的可能。每一天既是危機也是轉機，我對這樣的生命感到無比敬畏。借用詩人羅伯特．佛洛斯特（Robert Frost）的句子：「我還有許多路得走，許多承諾得守。」可惜原本的百里超級馬拉松計畫只能告吹。年過八十，我早已遠離年少輕狂，不覺得有必要在這種時勢下為求圓夢不計代價。然而因應新冠疫情的種種管制會維持多久？以我的年紀，未必熬得過去，所以不如趁早放下跑步，將時間用在更合適的地方。

意識到歲月無多，也正好不再每天花費精力跑二十英里，我開始回顧過往，順便翻出堆在閣樓裡塞滿書信文件的幾個大紙箱，裡頭有我以前教書的講義、寫書的參考文獻、研究報告、筆記和通訊等等大量舊資料，時間可以追溯到我以外籍生身分就讀緬因州欣克利愛心農場寄宿學校那六年。

其中一箱原本屬於我父母，近來經由妹妹轉交到我手上。之前我沒詳細檢查內容，看了才發現裡頭保留親子間的書信往返。與他們分隔兩地的日子，前前後後加起來二十八年，只能靠寫信維繫感情。這個習慣起自十二歲住進校園，整整六年時間沒機會一家團聚。回顧寫給「爸爸」和「媽姆沙」（Mamusha，由於母親是波蘭和德國血統，我們習慣這樣叫她）的信，原來我以前埋怨過學校舍監不准學生以德語書寫。爸爸起初用德文寫信，後來為了配合我就改成英文。有些信很長，比學科報告還長，他曾經對我說：「雖然你不喜歡那個地方，但可惜也沒辦法。人生總是會有這種情況，這時候可以找點讓自己開心的事情做，你可以試試多運動。」

在學校待了四年，一九五六年四月九日我寄給媽姆沙的信依舊是德語，開頭提到我「修好了」（fixed）小刀（那時仍有雙語切換不通順的痕跡），尖端鋒利能像以前那樣玩擲飛刀。當時的我處於「拓荒者」的發展階段。此外，我還告訴她，外頭雪融了，冒出好多知更鳥、樹燕、歌雀、烏鴉和一隻雙領鴴。而且前一年秋天我在樹上養蜜蜂，牠們也熬過了冬天，我之所以知道，是因為那個週四我走近樹下時後腦被螫了。我又告訴媽姆沙 *Freitag bin ich nicht in die Schule gegangen aber in den Wal*（「週五我沒去學校，去了森林」），以及 *da bin ich in ein* stream *gefallen*（「後來沒跳好摔到小溪裡」，小溪的德語單字應該用 *Bach*），所以我找了塊乾草地脫光衣服躺下裸曬，差點睡死過去。

我寄過去的信都是鉛筆字跡，後來開頭多了媽姆沙以藍色墨水留下註解——一個星期後她才知道 *Bernd weg gelaufen*（「伯恩逃學」）。她還以為我隔天就回學校，殊不知我其實花了兩天時間找到小時候住過的農場。從寄宿學校到我當時認為是「家」的地方，單程距離比馬拉松賽程還遠一點，但旅途沒消磨我對森林的熱愛，反而膨脹了我的渴望。而且農場只是中繼站，我真正想去的是再十二英里外，那片望不見盡頭的森林；它成了我斷斷續續停留四十年，然後連續居住十九年的僻靜小窩。親手建造木屋、獨自住在森林裡，感覺彷彿當年的拓荒先烈，這份技能是我中學時期最可貴的收穫，而年少時的夢想過了許久才得以實現。

成長過程中我慢慢培養出各種休閒嗜好，包括棒球、網球、游泳、滑雪，還有養毛毛蟲、找鳥巢等等。校園時代沒有田徑課，但學生們自己找到一個礫石坑玩耍，我會在那邊練跳遠。還有一棵特別高的糖楓樹，在樹上綁了繩子以後，我和幾個朋友拿它練習徒手攀爬和丟飛刀。

高中最後兩年我對跑步起了興趣。跑步是人類最普遍卻也最激烈的活動之一，對身心演化造成深刻影響，生物學家比對我們和近親物種之後找到很多證據。校內終於有了以跑步為主的體育課程，不過那時候還稱之為「越野賽跑」（cross-country），路線穿過我十分熟悉的森林。認真說起來，由於父母過去的艱困生活與特殊境遇，其實我五歲就開始接觸跑步，後來生物學與跑步也成為我心之所向。事到如今，既然沒打算再挑戰百里長跑，我的心思便轉而沉浸於書信、回憶、往昔的人事物，細數自己投身科學界、成為生物學家的旅程點滴。

八十歲生日前一週，我收到蒙大拿州一位男性讀者來信，他表示自己從能跑的年紀就開始跑，可說跑了一輩子。所謂「能跑的年紀」，對他而言是兩歲，來信時他已經四十二歲，希望可以「活到老、跑到老」。不過他話鋒一轉：「現在起床覺得渾身僵硬，連晨跑都變得勉強。」這位讀者幾年前買了我寫的《我們為什麼奔跑》（*Why We Run*）一書，知道我曾在他的年紀打破世界紀錄[1]，於是來信尋求意見。換言之，他是想知道怎樣在「他這個年紀」能夠跑得不那麼辛苦。同一件事別人也問過我，我還是四十歲的年輕小夥子時，一起在公路上奔跑的夥伴就說：「伯恩，你以後還跑嗎？」我也只能回答：「希望可以。」但生物時鐘不停歇，總有一天我也會開始覺得跑步很勉強。年紀大了，很多活動變得不容易，甚至不可能，跑步尤其明顯。然而，老了真的就什麼都不行？根據習慣與經驗做出的判斷，是否扼殺了許多可能性？

1 譯按：作者曾是一百英里與一百公里長跑紀錄保持人，直到二〇〇七年底才被超越。

本書談論老化，並不針對跑步提出獨到建議。「老」了以後不僅選擇越來越少，連考慮正確選擇的時間也越來越短。生物時鐘留給我們的選擇也不再適合追求特定結果，比較好的做法是見機行事、量力而為。乍聽或許有種妥協認輸的味道，但相較於強加不切實際的期待在自己身上，「量力而為」才是可行的變通之道。

活到這把年紀，我有個體悟：人生這場旅程不適合太硬性的規畫，否則很容易把路給走死，造成更多挫折。回首過往，自己確實在許多逆境中找到不可多得的良機。但即便如此，有些事情終究無可迴避，時間造成的影響就是其中之一，只要是生物就得面對老化。由於人體機制及演化功能與跑步密切相關，跑步這件事自然更免不了受到老化的衝擊。隨著年歲增長，大家都得學會調適取捨。但究竟要取捨什麼，處理方式又該有什麼差異？

第一章　生物時鐘

大自然瞬息萬變，生命必須保留彈性。
行程過分緊繃的物種，輕則錯失良機，重則大難當頭。

世界上似乎沒什麼東西比起時間更重要。明明所有人的生活都被生理時鐘操控，我們卻始終不真正明白時間是什麼。它不是實體，甚至也不是事件本身，但它能夠串連事件，人類因此清楚察覺它的存在。儘管物理學家探究時間未果，聖經傳道書的描述已經深植人心：「凡事都有定期，天下萬務都有定時。生有時，死有時。栽種有時，拔出所栽種的也有時。殺戮有時，醫治有時。拆毀有時，建造有時。」

人類的生物時鐘談不上精準。雖然知道它受某些基因控制，也能觀察到結果，但我們還不確定實際運作方式。對於生物時鐘，或許德裔奧地利生物學家兼養蜂人卡爾．馮．弗里希（**Karl von Frisch**）的描述最為生動，他在一九五〇年代有了重大發現：原來蜜蜂真的能夠彼此溝通，傳遞理想食物來源的方向和距離。他的實驗方法簡潔、童叟能解，我父親送我的十六歲生日禮物，就是薄薄一本弗里希的著作：《跳舞的蜜蜂：詳解蜜蜂的生活與感官》。他在書頁上寫了我的名字，還留下一句 ***Dem Imker von seinen Vater zu***

Weinachten 1956（「父親給養蜂人的禮物，贈於一九五六年」），算是換個方式對我花費四年的苦心表達認同。不過本章以弗里希開頭，主要原因在於他觀察到蜜蜂還有一項鮮少人提及，卻能突顯生物時鐘的特性。

蜜蜂的體內時鐘大約二十四小時一個循環。弗里希在野外以糖漿餵食蜜蜂，留意到牠們再次尋找食物時不僅會回到原地，連時間也會與前一次接近（平均誤差不超過十五分鐘）。單憑這點無法證明蜜蜂能認知時間，不過牠們的「舞蹈」（實際上是訊息）提供了更多證據。弗里希仔細觀察以後成功解碼，破譯了蜜蜂的舞蹈包含有關食物來源的兩種情報：一個是飛行方向，另一個是飛行距離。想傳遞訊息的工蜂會在陰暗蜂窩的巢室內開始表演，藉此號召同伴前往遠方收集食物。圍觀的工蜂從舞蹈動作就能根據太陽、蜂窩與食物來源的夾角關係定位方向。然而我們都知道夾角的角度每個鐘頭變動十五度，神奇之處在於明明蜂巢內部昏暗，跳舞的蜜蜂卻能夠隨太陽位置變化調整舞蹈動作。（除了覓食，蜂群要築新巢時也透過這種方式溝通。）不只表演者，接收訊息的蜜蜂如果在巢室內停留一段時間才出發，也會主動計算夾角改變幅度並修正路徑。由此可見蜜蜂的資訊互動包含太陽位置，亦即時間的觀念，而且並非只有看見太陽時才有反應，即使身處蜂巢內部也知道。

影響生命榮枯的約日時鐘

後來學界更發現多數生物都有大約二十四小時的體內時鐘，稱之為「約日時鐘」（circadian clock，*circa* 意為「大約」，*dian* 意為「日」）[1]。人類製造準確機械鐘的歷史要追溯到長程航海初期，當時人們發現若無法精準對時，很難在茫茫大海上辨別方位（與蜜蜂同理）。白天靠太陽，晚上則靠星星（某些鳥類也如此）。北半球可以觀察北極星周邊星象流轉；由於北極星位在地軸北極上，從人類觀測角度就彷彿固定不動[2]。到了南半球，我們看不見北極星，但仍能藉助其他天體和星座的移動來推算方位。船員和部分夜

1 譯按：此處作者以「約日時鐘」稱之，後文改為「約日節律」，意義相同。

2 譯按：所謂「北極星」並非永遠是同一個天體，例如古希臘時代，北極星是小熊座 β 星，目前的北極星則是小熊座 α 星。

間遷徙的鳥類，就是靠這個辦法維持行進方向。

聖經傳道書那段文字看似老生常談（亦即世間萬物皆有時序），然而我們過去總以為只有人類會利用太陽和星星的位置判斷方向、以天氣變化分辨四季和對應的生活方式，很少考慮到其他物種是否也需要時間感。研究結果顯示，幾乎所有動植物都能感受和因應時間，每個生命都受控於內在時鐘，連老化速度與壽命長短或許也與其密切相關。

每年夏天我窗外那塊土地都會冒出一大片苦苣。這種菊科植物長得很高，夏季花朵是像知更鳥蛋那樣漂亮的藍綠色，從七月開始維持大約三個月。有趣的是，即使進入花季巔峰時節，每日清晨天沒亮出門看，會發現半朵花也找不到；但只要等一個鐘頭，日出以後，忽然間就會看見好幾百朵花兒綻放，然後到了傍晚又全部消失。曾經有人推測這種循環是根據光線或溫度，也就是早上太陽的照射及熱能促使苦苣開花，黃昏氣溫下降、天色暗淡則反之。不過快速簡單的實驗一下，就能證明這種理論並不完全正確——我在中午的時候將幾株開花的苦苣挪進屋內，環境暖而暗，溫度照明也都不變。即使無法接觸外面的空氣與光線，這些苦苣花朵還是到了傍晚才闔起、隔天早晨按慣例時間綻開。儘管實驗設計很單純，卻已經能看出花朵與蜜蜂一樣具備生物時鐘，遵循約日循環的規律運作。

約日時鐘還決定了花朵的壽命：每朵花都一樣，入夜後就從亮藍色轉為淺褐色，之後枯萎凋零，到了早上便死去。然而也是在早晨，同一條花莖上旁邊的位置會再生出花苞，重複與前一天相同的過程。苦苣只是菊科數百個物種之一，其他親戚的作息可以相差非常多，譬如花園另一角的向日葵、苦苣旁邊的白雛菊都來自同個家族，但這兩種植物開花不分晝夜，花朵鮮活持續數週之久。有些蘭花可以連著幾個月都嬌豔欲滴。

同一株植物的其他部位，死亡和新生週期比較長。苦苣的莖在夏天一直很有活力，足以支撐整個季節開花、授粉、結籽的工作。到了秋天，苦苣的高莖會乾枯死亡，變成褐色且易碎，經過冬天通常會塌垮，然而藏在地下的根部並未死去，只要春天來臨就會再長出新的莖。從這個角度分析，一株植物身上同時有好幾種生命週期在運行：花才一天，葉子與莖有整個夏季，但根可以活好幾年，種子更可能數十年不壞。曾有在古埃及墳墓找到的蓮子順利發芽，極地凍土甚至能將種子從冰河時期保存至今。凋亡是植物整體適應策略的一環，北方樹木有些只長三個月左右葉子就變得光禿禿，卻也有些連續好幾年一直不落葉。

每逢二、三月我就殷殷期盼氣象預報，希望雪融後就是陽光和煦、流水淙淙的好天氣。二〇二〇年，雖然四月五日下了雪，我養的雪花蓮依舊生葉開花，一週後楊樹、榿樹、榛樹也跟進了。又過一個半月，雪花蓮還沒凋謝，楓樹梢的花朵也綻放了。接著還有花楸、蘋果、藍莓，五月到六月是椴樹，七月是一枝黃[3]，從九月到十月中則能欣賞到新英格蘭紫菀的明媚。

多數植物的開花時間只有短短幾天，相臨的同一物種會同時開花，否則難以透過蜜蜂或其他授粉生物運送雄株的精子（所幸授粉生物通常同一時間

3 譯按：「一枝黃」又名「幸福花」，主要見於北美洲。

只尋找同種植物）。這也代表植物得相互競爭，看看誰能吸引到更多協助交配的媒介，包括蜜蜂、飛蛾、蜂鳥等等。為了在競爭中勝出，植物不僅賦予花朵獨特的顏色、形狀、氣味，還能提供食物，固定花季也可以增加小動物們的客戶忠誠度，提高繁衍後代的機率。

適應環境的約年節律

無論花鳥蟲魚、樹木人類都一樣，經過演化不只發展出每日一回的小循環，還有每年一度的大循環，這個現象與地軸傾斜、地球繞太陽旋轉有關。德國鳥類學家艾孛哈德·葛溫納（Eberhard Gwinner）首先提出生物時鐘的長期循環，一九七〇年代中期他以椋鳥做實驗，飼養長達八年，環境維持恆定，每天十四小時光亮、十小時黑暗，而且溫度不變。結果顯示，儘管缺乏外界刺激，那些椋鳥幾乎每年都會在固定時節開始換毛與發情，與野外能夠察知四季更迭的同胞並無二致。這種循環被稱作「約年」節律（circannual rhythm），以便和約日節律做區別。一般認為，約年節律實為約日節律的附屬，生物是藉由白晝長度（以及溫度）變化來分辨季節，進而建立每年的循環規律，類似人類調整機械鐘的做法。動物根據這個規律找到適合交配的時節，判斷標準之一是食物充足子嗣才能順利成長，於是就得配合植物的排程。為了適應季節交替，動物也做了長期準備，包括確保食物來源、體內分泌抗凍蛋白、長出防寒毛皮、遷徙或冬眠等等。

學者從動物的體質與繁殖行為、候鳥遷徙規律、地松鼠的冬眠等現象，觀察到以年為單位的長期循環。即使飼養在恆溫與人工控制每天十二小時光亮、十二小時黑暗的環境下，地松鼠依舊每隔大約十二個月就要冬眠一回。自然環境中，這個間隔（再次冬眠的時間）平均接近一年但並非絕對，會隨白晝長短與溫度升降而調整，代表約日時鐘和氣溫對約年時鐘會造成影響。日照是體內約日時鐘「對時」的依據。

在某些情況下，想要觀測約年節律並不容易，如溫度這類外界因素會干擾節律。以我個人的觀察而言，每年秋天緬因州這裡的木蛙和雨蛙在日照稍微縮短時就開始鳴叫，就跟牠們在春天自冬眠復甦之後會做的一樣。木蛙幾乎在大雪融後第一天就會趕到春池[4]交配產卵，代表牠們在秋季就準備好卵子，冬季藏在腹部正好能冰存。其他訊號也很重要，鴿子一般根據光照決定何時繁衍，但實驗室環境發現還需要兩個條件才會觸發生理（和行為）轉變，分別是潛在配偶做出求偶行為、棲息區域能找到築巢材料。蛙類亦然，秋天氣溫下降，牠們立刻停止交配，速速準備休眠。

目前學界對於人類的約年週期所知不多。就我個人瞭解，沒人自願成為樣本，連續許多年生存在科學家嚴格控制的環境裡，更何況究竟該測量什麼變因也莫衷一是。半休眠期與奔跑動機或許可以做為標的，像我一到冬天就變得不太想跑，但無法確定是約年時鐘的反應，還是單純外頭下雪。天氣晴朗溫暖的時候我會出去，隔天下雪我又會躲在家裡。我有個假設是，這種行為模式源於尼安德塔人，他們為了度過更新世的漫漫長冬而調整行為，畢竟

4 譯按：春池為季節性濕地，春夏有水、秋冬乾涸。

在食物匱乏時期，妥善保存能量是存續的關鍵。

除了每日活動排程，動物每年的遷徙、發育、休眠、生殖都是為了將來做預備，然而大自然瞬息萬變，生命必須保留彈性。行程過分緊繃的物種，輕則錯失良機，重則大難當頭。均衡適中的彈性是天擇結果，於是各物種的生命規律可謂天差地遠，其分別可從數日到數年、數十年延伸至數百年。

第二章 大限與老化

我們不一定非得彼此競爭，也可以試著和生物時鐘賽跑。
大家都抗拒死亡，但先知天命才能盡人事。

綠頭蒼蠅平均壽命才一、兩週，老鼠一年，亞洲象五十年，非洲象七十年，人類大概有八十。一般而言，越活躍的生物壽命越短，所以樹木極其長壽。加州一棵刺果松神木被命名為「瑪士撒拉」（Methuselah）[1]，測量結果為四千八百五十歲。但縱觀全球，它還有不少前輩，例如壽命已達一萬三千年的大橡樹。然而我這邊的森林裡，大部分樹木卻只活了一、兩年，平均壽命少於一年，因為機率上，數十萬棵小樹裡只有一棵能幸運得到足夠日照，撐過最弱小的階段。即使突破長輩蔭蔽得到光線，之後的壽命上限還是差異很大，「林冠木」和「下層木」兩種類型就不同：下層木長得快但衰老也快，一段時間後就會被淘汰，能夠活下來的則可以承受較久的低日照，以時間為武器對抗機率，以求在未來仍有一席之地。

動物與樹木不同，絕大多數表現得十分活躍，僅少數物種由於環境酷寒或營養匱乏而生長得極其緩慢。目前已知最長壽的動物是「海洋神祕」[2]，一隻在冰島外海撈起的北極蛤，高齡五〇七歲。從殼內的生長紋推敲，牠出

1 譯按：聖經故事中最長壽的人，活了九百六十九年。

2 譯按：原文 Hafrún 為冰島語，命名者為發現此貝的科學家。但發表之初記者已經命名為「明」（Ming），淵源為第一次推算年齡為四〇七歲，即出生於「明朝萬曆年間」，後更正為五〇七歲，依舊是「明朝弘治十二年」，因此許多媒體仍以「明」稱之。

生於公元一四九九年，但二〇〇六年為了測量生長紋開殼而亡。其他常見的「冷血」緩慢動物之一是烏龜，紀錄上最長壽者是一隻瓜達拉哈拉群島巨龜，名叫強納森，目前高齡一百八十八。強納森和北極蛤都一樣，能如此長壽絕非因為生活規律、每天慢跑做運動。有些人想靠這種方式延長壽命，我自己也努力維持身體健康心情愉快。良好體況和避免疾病當然可以延續壽命，而跑步雖然沒能徹底阻止老化，卻提升了我的生活品質。

衰老難免，壽命與物種相關

多數人在跑步時不會害怕身體承受不了，或許是認為這輩子能跑能跳多久是天註定，就像十七年蟬沉睡地底一動不動，算準十七年才破土而出，耗盡大約兩星期的時間盡情飛翔歌唱。人類心跳低的話約五十，高的話如跑步時可超過一百五十，所以我青春期的時候父親還曾告誡我「別跑太兇」。當然我沒有停，與許多人一樣每天選個時段跑步以「維持體態」，跑步不一定能讓我活更多日子，倒是讓我的日子更多活力。

總之，衰老必不可免，壽命與物種相關，無論動植物皆然。我家外頭樹林的酸櫻桃只有大概二十年可活，糖楓卻能活超過兩百年。酸櫻桃為了在林間空地存續，必須成長迅速、大量製造種子，否則一下就會遭到黑莓、糖楓、山毛櫸、梣樹、橡木壓制。溫帶地區多數樹木的生物時鐘以年為單位，調節葉子枯萎凋零的時機。

除了溫帶植物，其他物種如樹蛙、雨蛙、部分昆蟲，牠們的生物時鐘會調整其生理與行為以求生存。進入冰冷僵硬的假死狀態是一個辦法，又或者部分昆蟲族群的策略是直接放棄成年個體，將希望寄託於卵、蛹及幼蟲。多數黃蜂和蜜蜂的雄性在秋季會全部死亡，雌性則進入休眠，過了半年以後再回復正常生活。社會性蜂類，如熊蜂族群，雄性與不具生殖能力的（雌性）工蜂壽命只有一年，蜂后卻可以活好幾年；螞蟻或白蟻的蟻后甚至可以生存達數十年。能夠復甦的休眠在多數動物身上是適應演化的成果，受到生物時鐘調節，而且與人類也有關係。

冬季憂鬱在人類身上是常見現象，可能成因為日照時間縮短，又或者是祖先為了適應環境而發展出某種特質，經由血緣繼承流傳至今。雖然目前看不出冬季憂鬱帶來什麼優勢，然而我再次猜想：或許遠古時代，尤其尼安德塔人那時候，冬季憂鬱對於適應冰河期的氣候有所幫助。幾次冰河時期的影響消退之後，智人才從非洲大陸往北開枝散葉。近期的基因研究發現我們其實是混血，許多現代人身上存有少量尼安德塔人的基因。多數人到了春天會有情緒上揚充滿活力的感覺，彷彿自能量不足的階段甦醒過來。百分之三的人口苦於季節性情緒失調，症狀的發生和結束每一年都是差不多時間。在我看來，最合乎邏輯的解方其實就是盡量躲起來休息，但醫學上的正規治療則主張不要調整行為，而是改變環境：增加日照時間，因為多數動物藉此調整約年節律。休眠也是約年節律的一環，與疲憊、情緒低落、失去活力有關。我們無從得知極地松鼠或熊在休眠階段究竟心裡是什麼感受，但其行為確實如同嚴重憂鬱症，儘管一切都是為求生存。

某些情況下，休眠反而導致死亡，這個現象與食物的地理分布有關聯。北方的熊在秋天吃飽之後就變得懶洋洋要冬眠了，南方的熊卻會繼續狩獵。北美洲較北的地區，花栗鼠和土撥鼠都會冬眠，但灰松鼠及飛鼠則否。紅松鼠遇上壞天氣偶爾會挖洞躲進地底幾天，所以也會儲備糧食。不過動物活力衰退可以分等級，譬如鹿鼠在過於寒冷時會降低體溫並彼此依偎；北極地松鼠在夠冷的情況下卻會直接假死，心跳幾乎偵測不到，肢體完全不會動，體溫最低可到水的冰點。一些北方蛙類更厲害，直接讓自己凍僵，跟死了沒兩樣，但融化以後竟又恢復原狀。如果人類能像木蛙使體內充滿防護細胞破碎的物質[3]，例如某些動物休眠時分泌的甘油或葡萄糖，理論上我們也可以讓自己結凍後再復活，類似器官置換手術能夠延長壽命的道理。很多昆蟲都會經歷全身結凍再融解，高緯度北極地帶更有些種類要花十年才能成蛹，因為每年冬天都要化作冰塊、春天開始解凍，只有或許短短一週的夏日時間能夠

3　譯按：阿拉斯加木蛙透過不排尿來度過嚴冬。牠們腸道的特有微生物可以回收尿素，而尿素則保護其細胞在心跳停止後仍不會損壞。

活動。兩次夏季之間，牠們究竟是生是死？科學無法肯定回答，如何定義生命的開始與結束有時超越生物學的探討，進入哲學討論的領域。

若一個人因車禍或其他原因驟然昏迷，立刻把他置於冰水中就還有可能救活。原因是藉由冰水迅速降溫，當事人又昏迷不掙扎，腦部新陳代謝便會暫停，不再消耗養分。原本心臟停止會導致無法輸送養分到腦部，但腦部所需的資源因冷卻得以保存，新陳代謝便可以稍後重啟。這種情況下的人有點類似暫時休眠的土撥鼠，甚至乾燥的蠓科幼蟲。蠓科幼蟲在乾燥下可以保存數十年，補充水分後瞬間復甦。所以生和死未必是清楚二分的狀態，中間還有不同階段。麵糰中不斷分裂的酵母菌是一種活著的狀態；秋天自加拿大和緬因州穿越墨西哥灣到中美和南美、春暖花開之前就趕回北美的蜂鳥也是一種活躍的生命，牠們才回來就搭上順風車，黃腹吸汁啄木鳥已經在糖楓樹上鑿好洞，大家一起享用甜汁。

老化和新陳代謝

生物龐大的身軀機制複雜，要死而復生還保持健康過於困難，但從遺體取一部分利用接肢方式未必不行，植物就有很多例子（不過植物可以自己再生，效果當然更好）。動物也有再生能力，表現於血液、傷口、內臟與皮膚的細胞更新等等。有些物種如蜘蛛、螃蟹、蜥蜴、章魚為了逃避天敵可能自斷肢體，被抓住腿或尾巴時乾脆放棄那個部位給對方吃掉，如此一來至少性命保得住。這種適應行為必須搭配高度再生機能，生出的替代品至少得接近原樣。蠑螈是其中佼佼者，能複製出一模一樣的器官，從視網膜、水晶體、心臟、脊椎到下顎都行。尤其牠們還能反覆再生，因此至少在理論層面上，可說永生不死。

哺乳類動物沒辦法再生肢體，但傷口會癒合，肌肉、骨骼、皮膚、血球、腦組織都能重新生長。縱使出意外斷了手指或手掌之類，只要能及時送到外科醫師手中，都有機會接回去。完全無法靠手術，只能依賴自身再生能力的是體內的微損傷。老化其實就是細胞損傷緩慢累積導致的肉體機能衰退，因此成年個體通常在接近該物種壽命期限時便逐漸邁向死亡。研究此過程的領域是分子生物學，DNA與演化適應也隸屬其下。

很久以前學界就認為老化和新陳代謝有關，推論依據是大型動物一般壽命較長，新陳代謝率比小型動物低。

多數能夠飛行的成蟲消耗能量很高，只能存活數日；幼蟲階段消耗能量相對很低，所以能夠持續好幾年。老鼠與小型鳥類也一樣，新陳代謝率比大型的哺乳類、鳥類和人類都來得高，個體成熟速度也特別快。不過大型動物經由運動或壓力也會表現出類似老鼠或小鳥的高代謝率，所以有人推測這兩個因素會加快老化。提出此理論模型的學者是漢斯．塞利（Hans Selye），研究主題為一般適應綜合症（General Adaptation Syndrome），因此該疾病也稱作塞利症候群。他在實驗室環境內誘發警報階段[4]，藉由強制奔跑或降

4 譯按：一般適應綜合症包括三階段：軀體會對刺激做出準備及行動是為警報階段；刺激持續時軀體會忍受刺激並進入抵抗階段；刺激過久或過強則資源耗盡進入疲憊階段。

低溫度迫使動物身體發熱並提高代謝率。我們已經知道，如休眠這種減緩生理機能的現象能夠大大降低代謝率，某些小型哺乳類動物的壽命甚至能因此延長一倍以上。禁食（提供的食物低於放任進食時的攝取量）同樣可以減緩實驗室動物的新陳代謝並增加壽命。看看烏龜，牠們吃得少、動得慢，心率低、壽命長。統整這些現象得到一個訊息：放輕鬆，別操勞自己的心臟，否則會像那些心臟跳太快、新陳代謝率太高的小型動物英年早逝。這輩子有多少心跳一開始就註定了，慢慢用才活得久。

若上述說法為真，對我們這種定期跑步、每次跑好幾公里的人來說，可真是天大的壞消息。喜歡宅在家裡的人聽了一定很開心。父親對我跑步習慣表示「擔憂」的時候，想必也是信了那套理論，而且他一開始還自誇年輕時是跑步健將，後來卻漸漸刻意不跑了。

塞利症候群將生理機能直接與內分泌、活動強度，以至於能量消耗做連結，似乎缺乏足夠證據。不過食物攝取確實與壽命相關，無論老鼠或其他生物在進食受限下，壽命都會延長。即便如此，限制進食能增加壽命這個結論還是值得商榷，因為樣本始終只有實驗室內的動物；換言之，牠們被禁食的同時也關在籠子內，除了吃以外什麼也不做，尤其沒有運動。在我看來，在這種環境下的動物，若有多餘熱量只會成長較快、成熟較快，於是壽命才顯得比較短。

而且塞利症候群模型對壽命的詮釋後來受到挑戰。過去半世紀的學術研究指出，輕微刺激反而能夠減緩老化並進而增加壽命，符合條件的刺激種類非常多，包括適量的日曬、高重力、冷熱、限制進食及運動。真正降低壽命的刺激要是高強度且長時間，不留喘息的餘地。

控制與啟動衰老的都是DNA，但詳情如何？想瞭解其中的運作機制，一個辦法就是以原版和不同版本做對比。有個與遺傳物質相關的現成案例是早衰症，這種遺傳疾病會導致異常快速的衰老，發病者都是幼童，他們長到十歲就已經步入老年，出現正常人年邁時才有的特徵，十幾歲到二十出頭就會器官退化死亡。

DNA位於染色體上，染色體兩端名為「端粒」的蓋狀結構是一種剎車裝置，可以停止基因作用。端粒的功能十分關鍵，若細胞分裂不受限制便會恣意生長，從而導致身體出問題，好比癌症。有些基因應該封鎖不啟動，而端粒就負責維持染色體完整，直到需要其中基因才進行解封。正常老化的過程裡，端粒會因減少或損毀而縮短，引發與老化相關的疾病。但研究發現「端粒酶」（telomerase）可以修補並延長端粒，避免DNA過早釋放。端粒酶調節DNA通道與細胞活性，才有了皮膚再生、傷口癒合這些現象。而細胞本身的特定條件又影響端粒酶如何作用，例如對蜥蜴而言，掉尾巴這種刺激促使細胞返回「幼態」再生一條新的尾巴，截斷蠑螈的腿也會得到同樣結果。蜥蜴和蠑螈經歷天擇壓力，DNA已經記錄特定刺激訊號進行回應，可能情況是曾有個時期尾巴利於生存繁衍但又容易掉落，大概因為天敵喜歡抓牠們的尾巴，而將尾巴送給獵食者總比全身淪陷要好。類似情境是樹木在秋天落葉，葉子與蜥蜴尾巴一樣具有生理功能，但如果整個樹冠積雪過重壓垮樹幹造成損傷，甚至死亡就得不償失，索性捨去舊葉再長新的就好。

由於保留與失去身體一部分各有利弊，因此樹木會做出取捨，優先拋棄已經發黃褪色、失去功能、無法從空氣吸收碳的枯葉。環境中的刺激如化學物質訊號能影響白蟻蟻后，牠平時大量排卵，但察覺冬季來臨食物不足時就會降低數量。或許運動之於人類就像蠑螈腿、蜥蜴尾那樣是個重要刺激，能夠幫助我們修復細胞、維持現況並延緩衰老。由此推論，儘管人類無法再生肢體，但應該也承受過天擇壓力，迫使身體修補、強化、重建肌肉。基於這個已經有不少證據的假設，我們不禁要思考：老化在分子層面如何運作？最直接的答案是目前沒有結論，但接下來我想將細胞比喻為分子機械，做個簡單說明。

生命之樹的奇妙

壯麗的大教堂得從一磚一瓦、灰漿玻璃開始，經過成千上萬道工序的堆砌才能落成。人體也一樣，結構極度精緻複雜，由數十億小單位組合而來。蓋教堂需要建材，人體的成長與存續則以食物為原料，兩者都有可能要從遠方運送到現場。如果原料直接放在工程地點或分子結合地點，建造（成長）速度就能加快很多，問題是大量囤積占據空間，會塞得工程現場水洩不通，其他東西就沒辦法進出。以分子層級舉例，胺基酸A要接合於分子B的特定位置，結果周圍堆滿從A到Z各種材料，除了阻塞之外，還容易引起組裝錯誤而拖垮工程進度。工程出差錯，在建築上可能是屋子結構脆弱，在身體上或許表現為長疣，再失控一點則是癌症。反之，若原料稀缺，工程被迫放慢，組裝流程可以更精準有序。也就是說：供給過量（吃太多）雖然加快成長，但會導致衰退提早到來，所以縮短壽命。另一方面，囤積資源（例如脂肪）的基因現在造成成年人肥胖，然而或許以前在某些環境下具有天擇優勢

（就像熊為冬眠做預備）。運動會消耗養分卻也排除多餘物質，只是方式不同。我認為運動或許能啟動身體的合成功能進行修補，因為修補與成長或再生是一體兩面。

還記得年輕時我跑步之後肌肉會痠痛，年紀大了反而很少這樣。痠痛代表損傷，是身體向肌肉示警要求休息以進行修補。我受過的傷無論嚴重程度或持續時間都超過細胞層級，像撕裂傷、椎間盤破裂、肌腱斷裂、兩邊膝蓋軟骨磨損等等，全發生在二十幾歲，後來也都好了。一直到六十幾歲膝蓋才又出問題，給我照X光的專科醫師聽完我無數超級馬拉松的經驗後，表示我該換個不會「磨光」膝蓋的運動，例如游泳。之後我也遵照醫囑，在接下來幾個月跑少一點。但畢竟是二十年前，當時我還破了紀錄，於是忍不住問他繼續跑下去會如何。醫生回答：「到時候我得把你的膝蓋骨拆下來丟到垃圾桶。」八十歲那年，打算再次參加超級馬拉松之前，我做了健康檢查，醫師聽了一次心跳，又聽了第二次，接著開口說：「心跳聽起來像十六歲的運動員呢。」而且我的膝蓋也沒大礙，反倒不少同齡好友一輩子不跑步，卻已經做了髖關節置換手術，他們挺羨慕我的好運氣。換言之，肢體都不用可能會「生鏽」。不過世界上有很多長壽又健康的人幾乎不運動，也有累積跑步里程很高的人年紀輕輕就亡故。總之，老化是註定，差別在於老化得多快。在我看來，小傷自癒從肉眼可見到分子層級，其實就近似所謂「回春」，與蜥蜴斷尾再生或者樹木隨季節換葉差不多。分子層級的現象我們通常觀察不到，但它們持續不斷發生，損傷後的重建往往會孕育出有活力的年輕細胞。

再生所需的局部分子擾動大多是一陣一陣爆發。無論樹木或人類，個體能經歷最激烈的分子擾動就在死亡後不久發生，但我倒認為這其實也是最徹底的重生——死亡以後，我們也能進入森林的生命循環，與所有草木蟲鳥以及哺乳類合而為一，可謂將生命交還給達爾文的「生命之樹」。達爾文所謂的生命之樹其實是一棵演化樹，緣起於大約三十五億年前，當時某個細胞得到分裂繁殖的能力，可是每次複製並不完全相同，此後便開啟了天擇與演化。就目前看來，生命之樹會持續增長，直到永遠。

人類就個體而言，是否會提早耗盡自己的生命力？有可能，與我同齡的許多人不只是髖和膝關節，連心臟或其他器官都出現毛病，更別提過敏和睡眠問題、記憶退化。結果我反而沒事，明明從許多條件來看，我才應該是衛教海報的主角。譬如我跑步的累積里程至少能繞地球四圈，平日會自願，甚至故意接觸潛在刺激源，包括給蜜蜂和黃蜂螫、春天待在緬因州被黑蠅「生吞」、常遭受蚊虻蝨叮咬、去非洲碰上采采蠅。此外，我還會拿老鼠或其他被車撞死的動物來吃，有時肉並不新鮮。與沒接受這些刺激的人相比，我身體的老化及磨損並不比較嚴重，這歲數還能跑步。

可是若要站在世界舞臺競逐寶座，例如參加奧運，適合的年齡區段就很窄，通常是二十五到三十歲之間，任何人的巔峰都在這五、六年間。只要取得一千萬人的巔峰狀態資料，就能靠統計學計算出人類平均起來體能最強大的歲數，甚至日期。可惜這種統計數字對多數人不具實質意義，因為每個獨立個體就是一次新的實驗，變項太多不可能全都保持一致。相關統計更大的意義在於預期不可免的體能衰退，並藉此調整個人目標和期待。我們不一定非得彼此競爭，也可以試著和生物時鐘賽跑。

儘管我是樂天派，但很清楚該來的就會來。大家都抗拒死亡，但我們必須先知天命才能盡人事。

第三章　與生命時鐘賽跑

人類的生物時鐘不會隨便關閉修補機制，
因為活下來就能為族群延續出一份力。

詩人豪斯曼（A. E. Housman）在一八九六年的作品《獻給早逝的運動員》（***To An Athlete Die Young***）裡，對當時的民間觀念提出質疑：因為跑步而早死並不悲哀，之於跑者本人反而是一種榮耀。他甚至主張要跑就該趁早跑，因為年輕人才更有機會摘下桂冠，「它比玫瑰更易凋謝」。

也是基於這些事實，跑步比賽會根據性別和年齡做分組，可以粗略分為「公開組」（給年輕力壯的人）與「精英組」（給四十歲以上還在比賽的人）。若預期參賽者眾多且年齡分布廣泛，還會進一步以十歲，甚至五歲做出更細緻的區隔。換言之，社會普遍都認為年紀勢必會影響跑步成績，對不同階層該有不同期待。

我自己一晃眼忽然過了六十歲，反倒因此燃起認真跑步的動力，想試試看能不能在五十公里賽程中打破這個年齡組的紀錄。但同時膝蓋卻叫我別再跑下去，連續疼痛好幾個月，最後只好求助醫療聖地佛蒙特州的弗萊徹艾倫醫療中心和波士頓的一位專家。二〇〇〇年一月二十八日拍的那張X光片我還留著，每次看到都會想起那時候懸著心坐在診間等醫生進來解釋，而且雖然門掩著，我還是偷聽到他對兩位實習醫師說：「挺棘手的，這位病人熱愛跑步，聽了診斷一定不開心。」我聽完確實不開心，但還是繼續跑下去，反而讓後來的體驗加倍甜美。

想要表現出色必須勤跑勤練，過程十分辛苦，需要多數人無法負擔的大量體力和時間，也會對身體造成損傷。就結果來說，這個過程和老化差不多，可是兩者之間的重要區別在於生理機制的反應。損傷造成刺激時，身體會試圖修補以「保持良好狀態」；而訓練要有效的前提，是以適合的時間間隔給予適量刺激，回復後的身體適應了訓練強度之後才挑戰更難的課程。換句話說，跑步要變快不是單純減脂，而是藉由輕微損傷觸發回春機制來提高身體強度。反之，如果在復原過程中持續施加同樣壓力，結果只是生理機能受損更嚴重，反覆受損的循環則近似於老化作用。不過這番將回春作用與老化和跑步做連結的理論僅止於邏輯推演，源於我身為自然主義者觀察大自然後得到的想法。想法本來應該要透過實驗證明，然而這個假設要得到實證近乎不可能，因為需要有能力和時間的人花大半輩子協助，持續提供生理狀況報告。

話說回來，我對這個想法有足夠信心，像我自己六十歲那一年暫停參加一百公里馬拉松，過了十年才當作消遣重返地區的十公里小型賽事。起初跑不快，但至少跑得完，只是對我個人而言，沒拿到冠軍，其他名次就無足輕重了。轉折發生在二〇一九年九月十五日，我在緬因州波特蘭啤酒之路十公里賽程，以七十九歲高齡拿下第二〇四名的感覺還是很棒。參賽者超過千人，七十歲以上這組我拔得頭籌，而且就我所知，我的成績（五十九分二十秒）應該破了這個組別在緬因州的紀錄。要是再根據公開的換算表進行年齡加權修正，我在年輕組就會是三十一分二十五秒。赫爾辛基大學演化生物學家費德里科．卡爾波利（Federico Calboli）曾經在文章中寫過一句話：「東西會被狗吃掉，被家人朋友弄壞，放在外面會風化，放在山上會結凍，放在草原早就不見了，曬太陽會烤焦，碰上大雨還會被沖走。但回頭一看，代表你有狗，有家人，有朋友，還有太陽、風、雨、高山和草原，夫復何求？」我確實不需要更多，能夠以自己的表現為榮。

物種的「程式」皆本於時間

年過七十以後繼續跑步，雖然自己感覺沒差多少，但就像巴布・席格（Bob Seger）〈逆風〉（Against the Wind）的歌詞一樣，不得不放慢腳步了（我想我是得相信自己的生物時鐘）。跑步還是讓我很愉快，原因並不是布魯斯・史普林斯汀（Bruce Springsteen）〈光輝歲月〉（Glory Days）唱得那樣，想要沉浸在昔日的榮耀。恰恰相反，當年參加波士頓馬拉松，我彷彿逼著自己追上卡特・史蒂文斯（Cat Stevens）〈苦藍〉（Bitterblue）的節奏，腦海裡總會響起那句「因為我已經跑了很久」。現在人老了，覺得無需強求，結果迎面襲來的風也跟著逐漸平息，整個人變得很輕鬆，可謂老當益壯。心態轉換以後，我單純為跑而跑，跑步已經扎根在我生活各個層面。儘管豪斯曼的詩裡說跑者應該趁「榮耀餘音未絕」時就「捷足闖進墓穴」，其實休息一下也沒有關係。畢竟還有個更重要的問題沒討論完：人跑步的速度為什麼會變慢？與時間賽跑真的註定落敗嗎？我們與生物時鐘到底多密不可分，又能脫離它掌控到什麼程度？

所有動植物都受制於各物種特有的排程。蜉蝣以幼蟲態活了好幾年，成蟲繁殖的時間卻才一天左右。這種循環除了靠體內生物鐘，也經由外界環境訊號啟動或重置。很多人聽說過冬眠的土撥鼠會一直睡到隔年二月二日，如此說來應該是一種約年節律，但其實牠們醒來時若沒看到陽光普照就會立刻回去睡覺。學者已經反覆觀察到類似現象，而且不分約日或約年節律。壽命早已被決定，每個物種的「程式」都本於時間。然而重點在於：演化提供無數案例，證明生命程式除了有體內調節，同時受到外界訊號影響，而環境因素未必與特定時節相關，單純是生命體當下的際遇。魚群的情況最戲劇化也最為人熟知，尤其鮭魚和鰻魚，非常具有啟發性。

北美西部的紅鉤吻鮭在太平洋發育，性成熟以後（取決於食物供給而非固定時間）朝內陸移動，遠渡大約一千英里逆流而上，在河流中交配產卵。每條紅鮭一輩子只有一次這樣的機會，交配過後無論公母都迅速老化到肉可以直接從魚骨剝落的程度。換言之，紅鮭恐怕是以排出精子卵子這種生殖活動當作訊號，決定何時老化並死去。北美東岸以及歐洲西岸的鰻魚也會在繁殖過後死亡，死前會到大西洋馬尾藻海（Sargasso Sea）交配產卵。幼鰻長大以後才回到淡水度過大半生，然而牠們的成長期多久，目前尚無法肯定，畢竟大海遼闊實在很難一條條小魚仔細追蹤。

至於鰻魚最長能夠活多久？由於也還沒人將鰻魚隔離在繁殖區外進行實驗，因此同樣不得而知。不過一八六三年，瑞典人弗里茨・內茨勒（Fritz Netzler）捕獲一條特別有名的幼年鰻魚，牠叫做普特（Putte），當時剛穿越北海到達瑞典，那一年才十五英吋。所有鰻魚都出生在馬尾藻海，只是我們不知道牠的生日。普特終其一生被內茨勒養在水缸裡，很快就停止成長，保持幼年形態。野生鰻魚大概兩到五年內會吃飽長大並返回海洋，普特則食量低但活了很久很久，直到八十八歲才老死，而且死前依舊是無性徵的幼生形體，不像成年鰻魚身長能夠超過四英尺。

性成熟的鰻魚成長到四英尺以後就踏上不歸路，從淡水湖泊經大西洋海岸進入馬尾藻海繁衍後代。每條母鰻產下五十萬到八百萬之多的魚卵，孵化的幼魚會乘著墨西哥灣暖流移動，然而只有百萬分之一的幸運兒游蕩多年以後可以順利抵達淡水河川或溪流，逆流而上停留到發育成熟，需要的時間則從八年到五十七年不等。

鰻魚進入繁殖期就得遷徙。為了這趟旅途牠們經歷蛻變，消化道失去功能，眼與鰭擴大，發胖的身軀儲存了足夠能力支應長達數年、幾千英里的遠行。性成熟的鰻魚可以維持年輕直到完成交配和產卵，接著如同蜉蝣、某些鮭魚、中美洲只開花一次的「自殺樹」、澳洲沙漠裡的紅袋鼬，完成傳宗接代的任務之後，再過不久就會凋零。這些物種快速老化和死亡能造就什麼優勢嗎？答案是：有也沒有。

一般而言，在族群數量穩定[1]的前提下，雖然一條野生母鰻魚產下幾百萬顆卵，能孵化、長大、繼續繁衍後代的只有其中之二。那麼又是哪兩條小魚能在嚴苛競爭中勝出？決定因素是什麼，牠們的體能嗎？恐怕不是，最大可能性是單純的運氣。換言之，延續族群的最佳策略是能生多少就生多少，既然一輩子就這麼一次，當然豁盡全力毫無保留。

馬尾藻海距離內陸淡水湖泊都是數千英里的距離，自僅僅一公釐大小的鰻魚卵孵化出的幼鰻，再怎麼想抵達也無計可施，唯一可能是乘著洋流碰運氣。這段過程牠們無法主動，或許得熬上好幾年。而生出最多後代的鰻魚父母消耗的身體資源也最多，想要原路返回已經不可能。從鰻魚和紅鉤吻鮭的例子，我們可以觀察到大自然的規律：一生一次的繁殖活動與衰老之間關係密切。同樣規則放在哺乳類或植物也適用。

1　譯按：指成長率和年齡構成大致不變，因此出生率與各階層死亡率也大致不變。

植物的例子就是前面提過的自殺樹（*Tachigali versicolor*），生長於中美洲原始森林。它們一生只開花一次，綻放輝煌後死去。而先代死亡的結果是林冠出現縫隙，於是後代得到日照就有機會長大；若先代不死亡，幼苗就不會有充足日照。其他樹木採取的策略不同，例如我家外頭的美國栗樹將大量養分灌注於種子才釋放到森林，下一代從起跑點就得到更優渥的條件。

還能生、繼續生，就別急著老

哺乳類也有親代以生命進行繁衍的例子，最驚人者當屬紅袋鼩。這種有袋動物生活在澳洲西部的大沙沙漠（Great Sandy Desert），外形像老鼠。對雄性紅袋鼩而言，性交就是自殺，交配過後不久就會暴斃。牠們面對的困境源於沙漠特性：食物取自雨後生長的草木，可是兩次下雨間隔多久誰也說不準。雄性若不趁雨後短短一段時日趕緊找到雌性並使其受精，就算繼續活著也無法再對基因傳承做出任何貢獻。紅袋鼩直接死掉並未帶來優勢，但維持新陳代謝和修補機能都需要投入資源，既然衰老較慢也得不到第二次交配機會，演化壓力就不傾向保留這種基因。人類跑者若得到參加奧運的機會也一樣道理——因為很難有下次，最好在場上傾盡全力。

天擇機制對「留住青春」的態度很簡單，只要還能生、繼續生，就別急著老。倘若鰻魚依照特定時程進行遷徙與生殖，原則上就不會一次產下百萬顆卵，因為無法保證事前能達到合適的體型、體能並儲存足夠能量和卵子遠渡重洋，靠魚海戰術贏得一絲族群存續的機會。於是我們觀察到鰻魚若有必要能維持百年幼態，只要提供足夠食物便能在一、兩年內參與交配。牠們並非刻意尋死，但如果活著無法產出後代就得不到演化壓力的支持。

上述現象與跑步有關係嗎？倘若我的假設正確，關係可就大了。眾所周知，跑步會引發身體微損傷，所以跑者會「耗損」的說法並非全無道理。然而我們也知道運動可以刺激修補機制，因此能夠「維持體能」或改善成績表現。或許缺乏額外刺激時，老化或者所謂衰老的進展幅度極其微小，不足以刺激修補機制，損傷慢慢累積就導致「變老」。反之，刺激或傷害超過一定幅度且持續不停，生理機能就會加速流失，同樣會「變老」。可以用房屋來比喻，沒人維護就會受到沙土、濕氣、黴菌或其他因素侵蝕並累積出不可逆的損壞，能夠支撐多久才崩潰取決於體積大小、結構設計與外在環境。一般而言，人類對改變很敏感，可是速度夠慢、夠漸進的話，即使轉變很劇烈也能悄悄發生不被察覺，最後連原本是什麼模樣也看不出來。換個情況，如果還有人住在屋裡頭常常整頓，只要住戶（或機制）留意到屋況問題就能著手維修，被察覺的小變化就成為刺激，觸發整修功能抵抗老化。所以住戶對小變化的敏感程度，將會決定屋況衰退快慢與多久化為廢墟。

乍看之下，人類長壽反而異常，因為即使不生孩子也不會失去再生功能而迅速死亡。我們的生殖能力與行為在二、三十歲時最旺盛，與跑步表現最好的階段相同年紀，但就算過了這個階段我們仍然能夠繼續繁衍後代，相較於別的物種可謂度過好幾世。只不過仔細分析起來，會發現人類如此不同反而證明了前面提到的規則：之所以無視個體生殖能力，即使不生了也能繼續活很久，是因為我們依舊能對族群有所貢獻，只是轉為間接形式。

人類存續的關鍵在於社會性。我們從小家族開始演進，只要是團體成員都會互相幫助，不僅限於自己的後代。這種行為奠基於基因相關性。家族團體內的女性生產完會哺育嬰兒，但後來很可能將孩子交給自己的母親，甚至祖母照顧。上一代或兩代人協助育幼，間接確保自己的基因得到傳承。對比起來，鰻魚只是在大海中隨便找個地方產卵，之後則聽天由命，與人類的行為模式相差太大。在我們的行為模式下，父母、祖父母、曾祖父母是否存活都會造成很大影響。男性也一樣，能夠長壽是因為有益於族群繁衍，但表現在不同於女性的另一種層面。女性的直接生殖與基因傳遞（原生血緣）會在停經時結束，如果生理特性和鮭魚鰻魚相仿，停經以後修補機制就會關閉導致死亡。但事實上，女人的修補能力並不隨著月經消失，原因是演化史上久遠的過去，女性透過照顧孫子孫女保護了血脈傳承，在遺傳競爭中勝過沒有育幼行為的群體。男性的情況不同在於生命晚期幾十年仍有機會直接傳遞基因，也就是可以使女性受精。即使同齡女性停經了，男性壽命並未隨之結束，就是之後還能直接參與遺傳的鐵證。綜合上述現象，人類的生物時鐘不會隨便關閉修補機制，因為活下來就能為族群延續出一份力。

人類並不例外，只是有些優勢

可作為平行參照的是樹木，只要長大了它們就能不斷開花結果，一年接著一年繁衍後代。某些物種（像紅杉和刺果松）的繁殖行為能持續幾百年，甚至幾千年。由於衰老緩慢、壽命漫長，只有能量與營養可以限制樹木，條件符合時它們的繁殖機會隨年紀累積，超過一定歲數成功機會還更高：只要能衝上林冠接觸陽光，繁殖成功的機會就比下層木多得多。只不過這代表成年樹木也掠奪了自己後代的能量和資源，若新生樹木都被林蔭遮蔽，就會產生演化壓力逼迫樹木死亡，造就前面提過「自殺樹」這種案例。

同樣邏輯可套用於動物，尤其是社會性昆蟲。白蟻群體確立王和后之後就能繁衍很久，超過五十年也不奇怪，因為這對夫妻「青春永駐」。反觀蜉蝣，幼時在清水生活，成長到具有生殖能力以後卻只能存活一天。牠們也只需要一天時間就能傳宗接代，因為成蟲幾乎同一時間離開水面，方便立刻尋找配偶並返回水邊產卵，沒有時間浪費在找對象和覓食這兩件事情上。成年蜉蝣的體力只能撐這麼一天，蟻王蟻后卻可以存活到六十年。此外，白蟻蟻后每天產下三萬五千顆卵，蟻王除了交配什麼也不做，而不交配的工蟻壽命卻很短，僅僅幾週。可能原因在於工蟻負責餵食並保護王和后，完全沒時間休息。

演化的力量作用於所有物種，人類並不例外，只是有些優勢。我們和其他生物一樣，控制衰老的生物時鐘不會隨機，而是遵照適應規則。從其他物種能觀察到行為和體質如何改變，但要瞭解人類自身仍舊得先掌握我們的特徵，經過比較才能判斷生理機制因何啟動。

即使與近親對照，人類的生殖期和壽命還是明顯較長。不過人類壽命的上下限差異大，代表有「某個因素」對個體造成影響。若不對老化速度建立標準，很難找出決定老化快慢的關鍵是什麼。幸好有個變項適合作為人類生物時鐘的基準，那就是月經。

所謂初經，也就是女性第一次月經，出現時間差異很大，低至八歲、高至十七歲都有，剛好我們有資料能判斷背後原因。平均而言，瑞典、德國、丹麥、挪威、美國、英國的初經年齡在一八三〇到一九七〇之間直線下降，從十七掉到十二。換言之，環境對人類老化絕對是有影響的（但未必與壽命有關，因為壽命還關乎疾病、掠奪者等各種因素），現代女孩比起歷史上任何年代都更快長大成人，或者說「老」得更快。

初經的意義在於從兒童進入成年，就像幼鰻變成可生殖的成鰻、毛毛蟲變成蝴蝶。既然存活時間取決於不生殖的階段有多久，人類的幼年期以及整體壽命其實應該是縮短，但可能因為醫療發達和飲食改善而得到延長。

動物從幼態進入成年，條件是腦部自環境接收特定的感官訊號，受到刺激以後釋放神經激素（以人類而言是腦垂體激素）到血液中催熟器官（尤其是卵巢），然後再對全身造成影響。初經之後，少女的身高、體脂肪、胸部組織與骨盆腔體積都會增加。也就是說：環境中「某種東西」能影響我們，增加或減少幼年期與生殖期的長短。那個東西到底是什麼？目前雖然不完全肯定，但很大可能性是食物。

我自己小時候發育不好，常常覺得自卑。大一那時候不少男同學都能蓄鬍，我卻只有一點點毫毛。大家給我取了個外號「小」恩，原因自然是我體重才八十英鎊，個頭特別小。那種處境類似幼鰻普特，養在水缸會永遠年輕，一旦吃夠多就會忽然瘋狂發育，十萬火急趕回馬尾藻海。而我就是到了大學才得到出海機會：校內供應一天三餐，要吃多少有多少，而且都是炸雞漢堡這種高熱量食物。加上生活環境也自由，對我而言世界忽然開闊了，終於有機會揚帆遠遊。

二次世界大戰後，有將近六年時間我住在德國北方森林深處的小屋，狀況就像是被關在水缸的鰻魚——雖然生活寧靜但食物匱乏，所以我也吃得不多。還記得有一天找到被渡鴉吃光的野豬，遺骸上還剩些肥肉，我心裡有說不出的興奮。還有父親帶回被狗咬死的鹿、捉到雞之類，我小時候的回憶大多與食物相關，其中雞肉特別多。每天我和妹妹要穿過森林去村裡的學校，那條小路的風景我一直沒忘掉。學校有宗教這門課，但內容我沒什麼印象，大概就記得上天堂很棒之類。有一次我試著想像天堂是什麼模樣，想了半天覺得那裡一定時時刻刻有炸雞可吃。還幼稚的我沒什麼「物慾」可言，頂多想著蒐集不同種的*Laufkäfer*（步行蟲），蟲子會跑進我爸挖來捉老鼠的坑，我只要趁他砍柴去附近小鎮賣的時候拿出來就好。他砍的都是樹樁，之前英軍占領時已經將樹劈倒。英軍留下的另一樣東西是空香菸包裝，做得很漂亮，上頭畫了駱駝和一些小東西，其他男孩很喜歡撿回去。我不撿香菸包，部分原因是父親和英國人有些交情。多年後英德之間重新能夠聯絡，他還與那邊一個「條子」（警察）書信往返，對方是曾經在我家農場工作的戰俘。

我長大後才知道那地方在今日的波蘭境內。這樣的認知應該不算錯得太離譜，因為我也自稱出身緬因，即便我待過的地方後來被劃給加拿大。

或許是習慣了長期居處於這片神奇森林，所以就連當年逃亡生涯也沒能在我心中留下多少印象，因為我已經回歸大自然的子宮，不再渴望其他地方，而且心靈滿足無欲無求。二十六歲在洛杉磯結識髮妻之前我一直是處男，將發育和生殖兩件事都推得很後面。

我五歲到十歲都住在森林裡，就只有一次爸爸帶我去過附近的漢堡市，不過當時那只是一座飽受轟炸的廢墟。於是我愛上了森林，為森林的每個角落深深著迷無可自拔。往返學校的每公里路都吸引我全副心神，途中只有蟲鳴鳥囀，沒有作業書本或音樂。蟻丘被樹枝戳一下就彷彿瞬間活起來，還有沙子上四處亂竄的綠色虎甲蟲、將毛毛蟲搬回自家的土蜂群，以及石楠花間嗡嗡作響的黃蜂。父親的捕鼠陷阱裡面每天都有新寶貝，各式各樣步行蟲顏色一隻比一隻鮮豔，還有平常躲起來見不著面的老鼠地鼠。看著這些生物，不難想像森林中還有數不清前所未見難以想像的珍奇。裡頭最有魅力的是鳥類，像我家小屋一角裝了個箱子，霸鶲會自己進去築巢。長著短翹尾巴的褐色小鷦鷯在溪邊歡唱，岸邊聚集許多鱒魚。一隻鳥乾脆將自己的窩拖到傾倒的杉木根部，鳥巢是用綠苔堆出來的，入口很小，手指探入能摸到鳥蛋，十分新奇的體驗。小孩子總認為森林裡住著許許多多看不見的小矮人，他們會在生白點的紅蘑菇底下繞圈跳舞。我跟妹妹曾拿小樹枝搭架子，再以苔蘚做屋頂，希望矮人們有朝一日搬進去。雖是我們的幻想，但真實世界不缺新鮮與神祕，我童年環境中少的就一樣東西：食物（與明明短命卻被關在一呎平方箱中觀測壽命長度的實驗鼠恰好相反，牠們每天都被餵得飽飽的）。但有了森林，只要靠自己的雙腿就能得到無窮樂趣。

第四章　起跑點

孩童多半要先發揮過探索與追逐的本能，才會對科學產生興趣。我認為在沒有其他社會影響的情況下，人在大自然屬於掠食者，行為模式接近孩童。

生物時鐘控制體質與行為，而且和機械時鐘一樣能夠進行調整，更準確地對應到預期的環境狀態。相對於毛毛蟲爬行蝴蝶飛行、蝌蚪游泳青蛙跳躍，奔跑並不受到年齡階段局限，而是接收環境刺激做出的回應。以人類而言，社會刺激強烈引導了發展方向。住在哈恩海德（Hahnheide）森林那時候，我並未特別注意跑步這件事，是現實環境使然不得不跑。七十四個年頭過去，我的回憶跟跑步還是沒太多關係，倒記得很多在那兒爬的、飛的，或者發芽生葉開花的東西，這得歸功於我父親給予的社會刺激。雖然自己沒留意，但我每天斷斷續續地跑，尤其從森林到學校就超過兩公里路，必然會在人生留下點痕跡。家妹瑪麗安後來曾經跟我說：「你根本從小跑到大。」她會這樣覺得，應該是因為她自己都沒跑。

一位好友前陣子也問我：「你是科學家又是跑步選手，對你而言，跑步和研究自然究竟哪邊比較重要？」我聞言沉思，後來聽她說，那幾秒的時間裡我竟然張大眼睛泛著淚光。或許思緒回到意識的起點了。我家好幾代住在波蘭的博羅夫斯基（Boröwski），過去我父母還經常提起，大戰開始後，俄軍迅速進逼，我們被迫永遠拋棄故鄉，躲進德國北方的森林，這件事在所有人心中留下創傷。成年人忽然失去家園和身分，傷得比較重；我年紀還小，對故土沒什麼執著牽掛，即使遭逢變故也還能夠選擇別條人生道路，那些事情對一個孩子來說不足掛齒。

「我們」人類與「牠們」動物

人總是在尋找自己的身分，若不是他人給予而是自己努力贏得，則帶來更大的滿足。回顧過往，我覺得靠自己博得的頭銜只有「跑者」一項，「科學家」雖然也差不多算是，卻因為情況特殊造成兩者糾纏不清，互為途徑與因果。

一九五一年春天，我與妹妹抵達緬因鄉間，學業沒有中斷，英語進步也很快。頭一年夏天在我記憶中宛如天堂，來自各地的人不分早晚也不先知會就到家裡拜訪，幸好都很友善健談。家中沒有電話、電力、自來水，但我們不在乎，反正先前那麼多年也沒有。之於外人，我們可能是很稀奇的異鄉人。或許那是事實，例如那個夏天父親都穿著白短褲，其他成年男性卻清一色是藍色吊帶褲，方便進穀倉餵牛、整理稻草，或到當地皮鞋廠、羊毛紡織廠、木材廠這些地方工作。年紀不太小又不太老的女性，包括我母親在內，都會畫上紅色唇彩與黑色睫毛膏。畢竟是夏天，我都赤腳赤膊，全身上下只有短褲。原本這麼穿都好好的，直到某一天我拿 ***Katapult***（彈弓）練習打獵，成功射中紅松鼠。牠掉進茂密的綠色藤蔓內，我還傻傻鑽進去找，後來才知道那是一叢毒藤[1]。

玩在一起的朋友是亞當斯三兄弟，他們個個差一歲，大哥差不多比我小一歲，所以按照順序是我、吉米、比利，以及外號「男子漢」的維儂。亞當斯一家住在附近大農莊，裡裡外外很多牲口，當家的弗洛伊德曾在航空母艦

1 譯按：接觸其枝葉中的漆酚（Urushiol）會引發嚴重過敏反應，通常表現為數天到數週的疹子和水泡。

服役，航行至太平洋時遭遇空襲，艦上大部分人罹難，他運氣比較好只是受傷，不過從此跛了腳。弗洛伊德叔叔從來不提戰場上的事，因為戰爭結束了，接下來是幸福的年代，任何人只要願意工作就能過上好日子。所以我們四個小孩幫忙顧牲口，有擠奶用的更塞牛、產肉的海福特牛、做培根的豬、生蛋的矮腳雞，也養鵝和鴨，還有幾隻穀倉貓和一隻紅毛大狗叫做傑克。春天採楓糖、夏天堆乾草，工作做完以後弗洛伊德叔叔會帶我們找蜜蜂，也開啟我後來對昆蟲的興趣。

對我們而言，找蜜蜂除了將蜂蜜帶回家，也是在森林和原野玩耍的大好機會。當然只要瞭解蜜蜂的溝通模式，不難在林間找到空心樹內的蜂巢和蜂蜜。那時候還是孩子的我們，根本不懂蜜蜂與蜂蜜的前世今生。

孩童多半要先發揮過探索與追逐的本能，才會對科學產生興趣。我認為在沒有其他社會影響的情況下，人在大自然屬於掠食者，行為模式接近孩童。無論獵物是蜜蜂、鳥、老鼠（而且後來我全部都要），生態中的掠食者會先瞭解目標，也就是模擬對方思考，甚至進而同理。小時候我就很想接近、觸碰、擁抱活生生的雛鳥。甲蟲和毛毛蟲也不錯，要是沒辦法找到活的，死的也將就。那份強烈渴望直到現在還清晰烙印在我心底，但實際上那也是生理發育節律的一環，時候到了就為我們打開世界之窗，奠基於明確區分「我們」人類與「牠們」動物的心理假設，無論對方是蟲、禽，還是獸。

小孩看到東西會想抓、想吃、想玩，又或者想擁有、蒐集來炫耀。夏天茂盛滋蔓的草原、秋天漫山遍野的一枝黃和紫菀花，孕育我對大自然的愛和連結。年幼的我沒見過世面，能夠想像最實際的未來是繼續與這些美景共存，所以當時我想要像弗洛伊德叔叔一樣當個農夫。

第一年深秋時，父親買下僅一英里外的皮斯潭（Pease Pond）對岸的廢棄農場，我便開始在自家農地與亞當斯家之間來回奔走。好多年以後，鄰居菲爾．波特（Phil Potter）才說了句「那時候你好厲害呀」，原因是我總拿著捕蟲網和彈弓，沒穿鞋子就跑出去。我的腳掌確實留下了傷口能證明是沒穿鞋被玻璃割的。有天我去路邊查看黃蜂窩，牠們想要螫我，我往旁邊一閃就正好踩在碎啤酒瓶上。幸好威爾頓鎮（Wilton town）的醫生赫孛・吉可（Herbert Zikel）與我家私交甚篤，免費幫我縫好傷口，但也叮嚀我腳跟皮厚不好處理。除了跑來跑去，其他事情我大部分都忘了，不過腳跟上的痕跡就是刻在身體的記憶，能夠追溯到住在哈恩海德森林的年歲。起初我也是光著腳丫到處蹦跳，要等到父親在美國的學術界友人[2]寄送日用品時才順便要了全家人的尺碼，後來直接寄鞋子給我們。

跑步不只是從此地到彼地的手段

我父母去了威爾頓鎮的木材廠上班，負責清點、整理圓木樺並裝進方箱。這個工作和他們兩人以前的經歷相距甚遠，被困在機器鏗鏗鏘鏘震耳欲聾又滿天塵埃的密閉空間實在令他們難受。然而雙親的專業是捕捉老鼠、鳥類與昆蟲，撇開周邊農場秋季會找人摘蘋果，附近倒真的沒什麼適合的工

2　譯按：作者的父親格德・韓瑞希（Gerd Heinrich）是昆蟲學與鳥類學家。

作。逼不得已，他們聯絡了任職美國當地博物館的友人，順利獲得捕捉標本的委託。其中一次客戶是堪薩斯大學的教授，希望能捕捉分布於美國西南方和墨西哥的地鼠。

後來那些年裡父親寫了不少長信，內容數次聊到捉地鼠的訣竅，回想起來那次工作一定成果斐然。插曲是過程中他有個大發現：以前學界認為那裡只有一種地鼠，實際上則是兩種，彼此棲息地分離代表從未雜交。沒想到那位教授竟以委託已經收費為由，不允許我父親撰文公開自己的發現。父親也決定不再與那位教授有所往來，並且對所有教授保持警戒，甚至帶著鄙視的態度。（等到他兒子也成了教授才緩和一些。）沒想到脫離那個研究計畫以後反而中大獎：父親接到新委託，花費數年時間前往非洲內陸安哥拉探險，為耶魯大學皮博迪博物館蒐集鳥類樣本。

這樣的工作內容他怎麼拒絕得了，必須帶著得力助手也就是家母同行。瑪麗安和我就是這個緣故才去讀寄宿學校，雖然有點無奈但沒什麼好埋怨，畢竟人生總會有點波折。只是當時誰也沒料到一別就六年，直到我高中畢業才一家團聚。後來我整理自己與父母往來的書信，逐漸拼湊出那些年裡他們和我們的生活全貌。雖說信件總寫得冗長細瑣，兩邊卻都留著沒丟，儘管一度物歸原主卻又輾轉回到我手上。

他們兩人先去了墨西哥，後來轉往安哥拉，旅途中各式各樣發現都寫進信裡讓我知道，我也提到自己在緬因州森林的種種見聞。還有一次父母表示很希望帶我們回家幾天，至少聖誕節他們也會回去，結果校方竟然不允許，因為開一次特例就很難禁止其他學生仿效。總之最後我到畢業才離開，不過家裡有蜂巢，我在學校這裡也找到一個，花很多時間坐在旁邊觀察蜜蜂帶回五顏六色的花粉，且因此與校內負責照顧蜂巢的葛瑞夫特老師成為朋友。後來我再找到有蜂窩的樹，就請老師幫忙採收蜂蜜，我再把蜜蜂轉移陣地到宿舍後面。那時候一間宿舍住了十二個男生，由一位女舍監管理。直到這個階段，跑步都還不是我的生活主軸，甚至沒進過我心思，但實際上更之前還在農場時，一件微枝末節的小事已經在我心中埋下跑步的種子。

入住寄宿學校前的某一天，瑪麗安與我待在弗洛伊德叔叔那兒，大家決定去倒塌山（Mount Tumbledown）一遊採藍莓。比利還小，剛學會走路，總是跟不上。我索性扛起小娃兒，讓他雙腿夾住我脖子，我再慢跑爬上坡。叔叔見狀笑了起來，說了點關於跑步的事情，提到「奧運」，還有他一位親戚曾經是「緬因大學很厲害的越野跑者」。

於是我明白跑步不只是從此地到彼地的手段，也有人為跑而跑。當時我接近發育期，心智逐漸成熟，開始能理解這個社會，以及何謂價值、認同、人生追求。移居美國之後，我是新土地上的異鄉人；異鄉人通常格格不入，必須做出貢獻或表現才能獲得認可。越野賽跑只是弗洛伊德叔叔隨口一提，後來卻成為我融入美國社會的途徑。當然這條路跑起來沒那麼快，也沒那麼簡單。

第五章　跑步，以及與自然連結

多數動物會試圖擴大視野，方法是離開雙親前往較遠的地方……人類在這方面彈性大得多，對我們而言，心智才是選擇和行為的關鍵。

如果一個人的發展路線會忽然砍掉重來，而且並非生物時鐘出問題，那大概就是環境發生巨大變化，例如十二歲被送去寄宿學校、與妹妹分隔男女校舍，又看不到這種日子的盡頭。那時候我剛到美國沒幾年，英文還不流利，卻被禁止寫德文，又被舍監喚作「小匈人」[1]。年紀輕輕尚未找到認同歸屬，心思也停留在森林裡。週日下午，學校規定的教會活動結束以後，我會脫掉制服的白襯衫、黑外套和領帶，避開同學與舍監跑進林子裡玩，春天找鳥巢、夏天找毛毛蟲。我收集廢五金做了腳踏車，到寬廣的馬汀溪水池練習游泳，還偷偷用原木在小伐木場的後方那邊蓋了一個小木屋。那年我讀了傑克．倫敦（Jack London）和歐尼斯特．湯普森．西頓（Ernest Thompson Seton）的著作，以及早期自然主義探險家深入非洲與南美叢林的札記。學校圖書館麻雀雖小五臟俱全，而且館員慧眼獨具，每次都正中下懷推薦我戶外生活或自然探索的書籍。

書本為我開啟其他世界的大門。七年級春季，敦韓老師舉辦兩次競賽活

1　譯按：Little Hun。「匈人」一詞於歐洲古代歷史具貶意。匈人與匈奴的關係還存在爭議。

動，一次比誰先找到各種鳥，另一次比誰先找到各種花。我應該兩場都勝出，不過被大家當作「野孩子」也沒什麼好驕傲的。但我每年持續在筆記本上記錄花鳥生長，這個習慣維持到高中，現在翻閱還查得到一九五七年橫斑林鴞在四月二十一日孵蛋，赤肩鵟[2]則是二十八日，當時樹梢都還沒葉子。

敦韓老師會在課堂上朗誦給學生聽，他挑的書都很棒，例如林肯總統在小木屋的經驗，《湯姆叔叔的小屋》（*Uncle Tom's Cabin*）則描述了美國南方的奴隸生活。然而葛林．康寧翰（**Glenn Cunningham**）的故事在我腦海留下最深刻鮮明的印象：他小時候碰上火災，想要灑水滅火，沒想到拿的是汽油，下場是自己渾身灼傷，傷勢嚴重到醫師判定他一輩子不可能起身走路。但後來康寧翰竟然成為賽跑選手，還拿過美國一英里賽的冠軍。跑步有神奇的力量，能夠改變一個人。正好我高中有參加越野校隊的契機，腦海中浮現弗洛伊德叔叔說過的話。

2 譯按：鵟，音同「狂」，鷹科下的一個屬。

社會性發展落後於生理成長

比賽時，所有選手在路面畫好的記號後方等待，心裡很明白接下來該怎麼做。裁判大喊：「各就各位！」停頓，「預備！」再停頓，最後才是，「跑！」穿過終點線時會有人按下碼錶並大聲報出成績，整個過程沒有繁複的花樣、不需出身背景、不限制身高體重，一視同仁以碼錶為準。在賽跑場上人人平等，靠自己努力掙來的榮耀無人能夠置喙，也無人能夠掠奪。

練習一兩週之後迎接初次挑戰，我們要與隔壁鎮的沃特維爾中學校隊後備組分個高下。賽程中每個跑者都可以得分，分數等同於名次，所以總分越低越好，例如頭一個穿越終點線得一分、第二名得兩分，最多到五分。要是前五名都同一隊，就會得到共十五分。人生第一場比賽，我拿到本校第三、全場二十名跑者裡的第五，積分五分。我的小簿子裡原本只用來記錄鳥類與植物在春天的生長情況，但從這一年開始，我把本子上下翻過來，開始寫道：「一九五七年越野賽。」下一行：「第一場，欣克利對沃特維爾。本校第三，全部二十人裡第五。」那一季後續八場比賽我也都記下來了。

與沃特維爾二軍的比賽成績與整季總成績差不多。第九次比賽結束以後，我在本校排名第二、一〇五位參賽者裡第十六，談不上絕佳，但至少合格。本子上沒提到我們學校是輸是贏，這件事對那時的我確實也不重要，只要知道自己排名高低就好。在賽跑場上，我算是稍稍嶄露頭角，不過沒感受到自己有價值或貢獻。我的社會性發展落後於生理成長，況且沒有能力付出又談何付出呢。但最起碼我找到可以努力的方向，一個你投入越多，理論上回報也越多的活動。我在自己的賽跑成績中看到潛力。高中第二年比賽越來越多，但學生依舊要負責雜務，五年裡頭我從掃地到拖地、再來是清窗臺、洗碗盤，然後當上宿舍廚子後又轉去穀倉擠牛奶。好險那年冬天我偶爾要到外頭幫忙撿柴、殺雞，甚至運氣非常好拿到夢想中的職缺：送信。

負責郵遞的學生每天背著大牛皮包包，在學校行政大樓與一英里外的欣克利市郵局之間往返。考慮到當季越野賽，我刻意不騎腳踏車，背著大郵包狂奔來回。郵局局長「左撇子」顧爾德挺照顧我的，因為郵局平時沒什麼人，也只有一扇小窗分隔辦公室與等候區，他就乾脆身子探到外頭陪我聊天，講一些戰場事跡。顧爾德叔叔不介意我來自什麼國家，甚至不管我信不信耶穌基督，他心心念念的是拳擊，再來就是當傘兵的那些往事。所以在他口中我就只是「德國小朋友」，偶爾會變成「猶太小朋友」，那年紀的我也不太懂其中差異，只知道應該算不上好詞，尤其那個「小」字總是不順耳，比較希望別人能將我看做「運動員」，感覺體面得多。

前陣子我找到一張相片，是十七歲時和同學的合照。畫面裡的我骨瘦如柴，我還記得當時的自己從未設想過未來，心中只有「當下」。所謂當下就是勞動，再來是親近自然，最好能找到鳥巢和毛毛蟲，親眼看到貓頭鷹和山鷸在天空飛翔，發現沼地的烏龜，或者親手釣到魚、捉到鳥。不過到了高中最後一年，我找到新的目標。

筆記本再翻回來，一九五八年的自然現象紀錄起自五月三日「黑鴨產卵」、「蒼鷹孵蛋」，再來是五月十九日「菲比霸鶲開始孵化，小烏鴉小鴿子生出羽毛」。生態紀錄持續到七月，九月起筆記簿又上下翻過來，回到那一年的越野賽跑成績。我以高年級生身分第二次報名參賽。

第二屆的開幕賽，對手仍舊是沃特維爾鎮，但他們派出一軍了。去年季末州冠軍賽在緬因大學舉辦，對方成績優異，之於我們是勁敵。這年自第一次比賽起，我在本子上不分隊伍寫下前五名和隊伍積分，初賽優勝者是「韓瑞希、維里、琴斯、霍金斯、皮爾斯」。第一名順便擔任本校吉祥物「欣克利愛心小海狸」，形象是「工作時專心工作，玩樂時專心玩樂」，但其實我沒分那麼清楚，兩者合而為一、同時進行，都是充滿愉悅驚喜的體驗。

儘管我替學校爭取到一分，最後我們還是以四十比二十一慘敗給友校。幸好我的表現已經讓隊友與學校都注意到了，而且算是開了個出乎意料的好兆頭，大家十分開心。這種結果讓我從另一個角度看待跑步，我發現追求好成績不僅僅是為了自己，也是為了旁人。跑者組隊就是同甘共苦、相互扶持，所以團隊成為一種心靈的港灣，留下的回憶不只是巧合，還是眾人團結奮鬥的結晶。

後面還有十二場比賽，各方也都對我投以期望的眼神。左撇子顧爾德說我登上本地新聞《沃特維爾守望報》（*Waterville Sentinel*），然後從辦公桌後頭拉出一份報紙攤開讓我自己看。確實寫得清清楚楚：「伯恩・韓瑞希再次奪冠。」這樣的殊榮既不受外力左右，也沒人能夠巧取豪奪，我明白這是我自己靠汗水交換而來。跑步很辛苦，曾經從戎也涉足體育的顧爾德明白這一點。他曾經夢想成為世界拳擊冠軍，然而在戰場受重傷以後，他躺在病床上好幾個月，醫生還提議要他截肢。「現在不截肢你可能會死，」醫院這樣告訴他，但顧爾德回答：「那我寧願死。」後來靠手術治療，逆勢而行的左撇子倖存下來。這故事給我很大的勇氣。

探索外頭的世界

當年的我認為高中畢業以後就不會繼續跑了，因為除非上大學，否則沒聽過誰一路跑下去。但我應該沒什麼機會能上大學，所以不敢奢望。但人生就是峰迴路轉、變幻莫測，校長溫弗瑞・凱利（Winfred Kelly）一句話帶著我拐了個大彎。校長並不特別喜歡我，尤其說那句話的兩星期前還曾經飆車將我攔下，揪住我的衣領、踹我屁股。他覺得必須好好教訓我，原因呢？按照他去郵局收信時跟左撇子的說法：「德國小子差點把橋給炸了！」我聽到這番轉述覺得有些誇大，不過也知道主角就是我本人，事情是從化學課的實驗開始。

聽同學唸書，我心裡總是慢慢累積一股焦慮，不過咱們那位老師看樣子從來不親自朗誦，非要學生一人唸一段，輪流唸給全班聽。我偷偷寫了紙條遞給坐在附近的女同學菲依，問她願不願意和我交往。回傳過來，紙條上寫著「好」。我樂壞了。後來趁下課時間偷翻教室櫃子，找到一些瓶瓶罐罐，應該是學長姊用剩的實驗藥劑。我請教盧賽爾老師，他說硫磺、硝石、木炭混合之後就會變成火藥（我記得配方是這三樣）。盧賽爾老師說他其實是人類學家，但願意讓學生自己摸索。我表示想做爆竹，他回答：「沒關係，但別讓校長知道。」我說：「好，沒問題，我不會在學校裡做。」調配完成，我將東西倒進小木管，塞了裹蠟的細繩進去，準備挑個合適的時間和地方點火。失敗的話只會起火，成功的話就會砰一聲響徹雲霄才對？我決定利用午餐休息時間去試試看。

我把木管放置在小溪邊的水泥橋墩，距離校舍有一百碼遠，周圍什麼也沒有。細繩著火後發出嘶嘶聲，眼看幾秒鐘之後火苗就要進入木管，這時候要去外頭用餐的凱利校長正巧開車過橋，一道青色火焰從木管衝上半空，而看見校長座車的我拔腿狂奔，卻不巧被車子攔截。

但幾週後，爆竹事件別說是得到諒解，感覺根本是被拋諸腦後。一天早晨固定的朝會上，學生如往常先低頭詠唱主禱文與禮敬上帝，接著將右掌置於胸口、抬頭直視前方講臺側面的國旗、背誦《效忠宣誓》。這一連串動作是為了彰顯愛國精神，但我總覺得很彆扭，就像讀化學那樣難以理解。據說透過儀式，無論男女都會變得更優秀，可是我原本就愛這個國家，尤其是叫做緬因的地區。我也熱愛大自然，在我眼裡那就是所謂的神。後來我還愛上跑步。總之，繁文縟節處理完畢，凱利校長上臺開始對學生訓話；這次內容不大一樣，提到本校在越野賽又搶下一勝：「伯恩贏了第五場，是我們的王牌選手！」時機成熟，跑步在我心中的地位獲得確立。畢竟我變成「王牌」了，比起什麼「野孩子」或從前其他身分都好上太多。

獲得公開表揚的滋味太美妙，有了動力以後我突破極限達成不可能，過關斬將連贏四局。《沃特維爾守望報》體育版標題是：「韓瑞希刷新紀錄，欣克利再勝。」我連續九次冠軍之後，校隊分數遙遙領先，以十九比四十四擊敗法明頓州立師院。當時二點七英里賽道我的成績是十四分三十秒，比自己前一次紀錄快了十四秒之多。然後我又得到激勵，這回凱利校長直接拍拍我的背說：「伯恩，你是上大學的料。」剛好我也十八歲了，確實該考慮下一步。

學了那麼久，我的英語總算勉強通順，但要進大學又覺得有些不足。那時候與身在墨西哥、安哥拉或世界其他角落的父母通信時，雙方都會提起學業成績這話題。麻煩的是，我有興趣的東西學校不教，甚至不提。只有木工這門課還算有趣，能自製小東西，甚至蓋房子，我的作品大都成了聖誕節禮物——這些東西直到近來又回到我手裡。

有個問題揮之不去但我又沒答案：「長大以後要做什麼？」關鍵的時刻來臨，我該如何抉擇？我個人的夢想是像父母一樣生活在農場，我腦袋裡的畫面是自己耕作、秋天獵鹿、春夏到附近溪流池塘釣魚，然後養蜂和採楓糖，休閒可能就是蒐集昆蟲標本。例如我輟學時就待在老家一整年，隨時都能進森林，反而過得最自在，比起為了賺錢去紡織廠勞動自在得多。

生長發育到了轉換期，多數動物會試圖擴大視野，方法是離開雙親前往較遠的地方，但通常停留在類似的棲息地，畢竟那是物種已經熟悉的環境。人類在這方面彈性大得多，對我們而言，心智才是選擇和行為的關鍵。成長過程中，父親已經誘導我將來某一天可以繼承他的姬蜂研究，不過我始終抗拒，因為心裡想著要流浪。中世紀歐洲社會的慣例是年輕男子要離家一年以上，只為了探索外頭的世界究竟長什麼樣子。而上大學絕對符合這個標準，會有很多新鮮的刺激和影響，踏上不同道路、邁進不同領域，一切前所未見。而且大學更像是一張門票，等我更瞭解了自然，就更適合回到被自然包圍的農場生活。

那時候我經常進出森林，會盡可能挑選不同季節、不同條件，還默默計畫將來出書講述一棵樹的故事。作為標的的鐵杉樹高聳蒼老，巨大樹幹的一半之處，被北美黑啄木鳥鑿出許多孔洞，後來成為空心區塊，秋天便看見蜜蜂成群進進出出，組隊前往雜蔓的草原採蜜。寶藏還不只如此，冬天有一隻啄木鳥還在樹上鑿，鑿出的洞收容了整個巨山蟻部落。毛毛蟲和蚜蟲啃樹葉、甲蟲的幼蟲鑽枯枝，結果被啄木鳥給叼走。即使在冬季，交嘴雀也會飛到樹冠找種子吃。倘若我住在農場，每個月都能花個兩週時間詳細觀察樹木，為一個生命和與其共存的無數族群寫下傳記。在我看來這個人生志業極其有意義，於是大筆一揮向耶魯、鮑登、貝茲都提出申請，然後這三間學校也非常迅速寄來落選通知。

最後我就讀於奧洛諾緬因大學（University of Maine in Orono）[3]，這間學校當時（至今依然）在森林學這個領域頗有地位。另一個好消息是，奧洛諾緬因大學有越野校隊，而且成績優秀。然而錄取通知沒提到獎學金也沒提到賽跑，我父母更撥不出學費。父親帳本上連郵資都列得清清楚楚，那年頭一張郵票三分錢。他鼓勵我記帳，避免自己買了「用不到的東西」。工讀是個辦法，所以我就開始找工作了，起初去臨近的藍山州立公園應徵，工作項目是將垃圾桶清乾淨。可是主管才見面就打回票，開口問我：「你幾歲？」我說：「十七。」他回答：「看起來不像。」然後直接要我走。

3　譯按：此校數度改名，目前名為「緬因大學」。

第六章 逃離時間投下的枷鎖

前往田野與大自然直接接觸是一種個人抉擇，之於我尤其如此，通常能帶來最獨特珍貴的甜美果實。

靠時鐘或日曆規畫時間是一種依循前人道路的做法，未必能踏上普立茲獎得主、詩人羅伯特・佛洛斯特（Robert Frost）所謂的「未行之路」（The Road Not Taken）[1]。無論踏上哪條路，我們需要在環境中建立規律，因為這世界本來就太多坑坑窪窪。其他動物大半身有專長，牠們只是在行動和死亡之間做選擇，並透過繁殖與演化去彌補自身缺陷。人類則不同，只要換條道路，甚至有時候只是耐心等待，就有機會逃離時間投下的枷鎖。以我來說，初次求職經驗一場糊塗，但隨即出現別的機會，而且正是因為我那時候（現在亦然）會在哈恩海德和緬因州蒐集毛毛蟲。我對天蠶蛾和天蛾的幼蟲特別有興趣，在野外找到牠們也是挺有趣的自我挑戰。飼養的話樂趣更多，不少人都有過經驗才對，你會看到小生命逐漸轉換為截然不同的形態。何況過程簡單便宜，只要找個容器用網子蓋住，順手摘幾把葉子就能餵飽牠們。

結合樂趣與利益的生活傳承自我爸。一方面看他蒐集姬蜂耳濡目染；另一方面他在緬因州有一位資深昆蟲學家朋友奧本・布洛爾博士（Auburn E.

1　譯按：佛洛斯特最有名的作品，搜尋量與引用數遠超其他文學作品，然而內容常遭誤解。多數人以為這首詩的主旨是肯定自我與冒險，但實際上開頭即言明「兩條路的風景同樣美麗」且都「落葉清潔未經履踐」，因此結尾的「造就一切改變」是種感慨甚至自欺欺人而不是肯定自我或理性。佛洛斯特寫給路易斯・昂特梅爾（Louis Untermeyer）的信裡提到：「我敢打賭不到一半人能說中〈未行之路〉真正的意思。」

Brower），他的興趣正好也是飛蛾。布洛爾博士有時會到農場拜訪，如果夜色特別濃黑，我們就在小屋旁邊搭白布，前方放置明亮燈火，各種飛蛾受到光線吸引會圍過來停在布幕上。其實牠們平常趨光性沒有這麼強，但人類製造的光源相對於靜止的月光和星光特別顯眼，所以飛蛾會轉來轉去最後繞著螺旋軌跡降落。其中大大胖胖的天蛾我特別喜歡，所以蒐集項目也從甲蟲慢慢轉移到天蛾。由於體型大還有很好的懸浮能力，天蛾和蜂鳥乍看頗為相似，非常惹人注目。我在這方面的熱情或許獲得了布洛爾博士的讚賞，高中畢業第一年夏天，他便介紹我去抓天蛾賺錢，委託客戶是美國農業部。

政府配發小貨卡，要我在緬因州北部繞來繞去。幸好之前回老家給菲爾．波特打工，為了開他那輛老舊卡車進田裡搬乾草，我已經練就駕駛技術。於是我到了緬因州最北端的阿魯斯圖克縣（Aroostook），在幾乎每條道路上，每間隔一英里就放置一個捕蛾陷阱，設計上專門針對一個物種：舞毒蛾（*Lymantria dispar*），而且只針對雄蛾。捕蛾器設計漏斗狀入口，裡面放著散發雌蛾性激素氣味的布塊。雄蛾受到吸引，以為能在陷阱裡找到雌蛾，最後接觸抹上黏膠的紙墊而無法離開。

之所以捕蛾，是因為這種飛蛾是惡名昭彰的食葉昆蟲，政府想知道牠們分布得多廣。確認範圍以後，緬因州的林業局會派遣飛機，從空中噴灑DDT。那年代美國北方有很大面積的森林都會以噴灑農藥的方式控制雲杉捲葉蛾（spruce budworm），這個物種的幼蟲以雲杉和樅樹樹葉為食而造成蟲害，至於舞毒蛾則是以闊葉林為目標。噴藥過後，飛蛾族群的數量不再擴大，但當時專家不知道的是，即使不灑農藥，蟲群仍會萎縮，甚至凋零的速度一樣快，因為幼蟲密度過高時，針對牠們的病毒性疾病也會如野火燎原無法遏制。還有其他案例，寄生蜂姬蜂或鳥類寄生蟲的數量也會逐漸成長，直到數量爆炸後就會走下坡。然而人類以藥物介入之後，不僅抑制害蟲，連帶抑制害蟲的天敵，就結果而言其實是做白工。

法明頓的黃鼬

那年夏天我都在北方森林度過，所以我在霍爾頓鎮租了個房間，整個暑假幾乎完全沒有人際互動。為了完成政府委託的工作就得整天開車，一英里停一次，下車檢查捕蛾器再回車上，再開一英里、再下車一次，無限循環下去。我好想跑步、好想鍛練，好想以新生身分參加秋天的緬因大學越野隊，選擇那所學校不就為了這個目的。於是我意識到，曠日廢時的工作流程與自己的計畫大大扞格。但是山不轉路轉，我決定結合工作與跑步，還是開車前往下個陷阱位置，將車停在目的地前方或後方一百碼，跑步往返。

直到夏末我都沒在捕蛾器裡看到蟲。但我過得很充實，一方面證明了無需在北緬因州噴藥控制舞毒蛾；另一方面我大致可以負擔入學費用，還為越野賽跑做足了準備。（我想稍微離題，講點科普內容。當年曾經大肆宣傳DDT是「無害」且萬用的蟲害控制手段，但長期追蹤便發現它不只對人類很毒，對鳥類也非常致命。倘若繼續使用，有可能滅絕許多物種，特別是老鷹、遊隼等猛禽。過去三十年，我在自己居住的緬因州森林裡都看得到舞毒蛾幼蟲，但數量不多，反倒需要我主動伸出援手。此外，這裡從未噴藥，但也沒見過其他數百種蛾類或食葉昆蟲的數量爆炸。）

經過漫長寂寞的夏天，我短暫回到家中，興奮期待下一個大事件：前往奧洛諾緬因大學的校園。終於到了那一天，我的鄰居兼好友、釣魚打獵好夥伴以及打雜僱主和駕駛教練菲爾・波特開卡車載我出發，目的地是學校分配給我的宿舍：漢尼巴爾哈姆林大樓（Hannibal Hamlin Hall）。

事有輕重緩急，下了菲爾的車，我第一個動作就是往隔壁那棟巨大場館衝過去，找到越野校隊教練艾德蒙・史提納（Edmund Styrna）並報上姓名。平頭的他個子很高、笑容可掬，曾經是新英格蘭鉛球冠軍。我表明自己想參加校隊以後，教練（跑者與田徑選手們四年裡都這麼稱呼他，那年代女性還沒辦法參與越野賽跑）和顏悅色帶我走入「準備室」，發了制服給我，有寬鬆的灰色棉質熱身褲、無袖上衣、護襠與黑色帆布膠底跑步鞋。我花了幾分鐘著裝完畢，先去場上小試身手，一開始是體育館旁邊八百八十碼的賽道。跑完休息過後我又上樓，發現這裡有重量訓練室，魁梧的橄欖球員在裡面練啞鈴。我以前只搬過餵牛的穀物袋，從沒見過啞鈴這玩意兒，當下非常好奇就想模仿旁邊猛男。他身子一壓，背部與地面平行，接著將啞鈴舉起。我沒學過這種動作，就依樣畫葫蘆——天大的錯誤。

背上傳來一陣劇痛還蔓延到腿部，我別無他法只好求助學校醫院的葛瑞夫醫師，被診斷為椎間盤碎裂，突出部分壓迫到連接腿的神經。跑步的夢想好像還沒開始就已經幻滅。

後來一個月我都睡在木板上保持背部挺直，可是狀況沒有太大改善，尤其當年男大生身兼儲備軍官身分，得強制接受軍訓操練，我實在痛得難以忍受。第二個月依舊不見起色，我被轉介到班戈市（Bangor）的脊椎專科，可惜那裡的醫生也束手無策，還說手術風險很高，進一步建議我轉換跑道，畢竟主修森林學勢必涉及較多體力勞動，他認為找個安逸的領域比較安全。我聽起來覺得選手身分被判了死刑，但半癱瘓也不是全然負面，至少我無事可做所以大半時間浸淫在書本中。作為公立學校，奧洛諾緬因大學招收標準寬鬆，卻伴隨很高的輟學率。與我一起進大學的朋友，在我們高中那屆十二人裡脫穎而出擔任畢業生代表，後來竟然被退學了。

到了聖誕長假，疼痛感終於開始緩和。回家休息期間，菲爾挑起我對黃鼬的興趣。他年輕時有一段時間待在緬因州北部的維托皮洛克（Wytopitlock）伐木營，拿斧頭砍雪松樹、再削成鐵軌枕木，還順便學會了捕黃鼬這門技術，閒暇時就捉一些來賣毛皮，那年代市場很大。菲爾向我示範怎樣製作、設置陷阱進行誘捕，以及後續如何處理毛皮。捕捉野生動物很好玩，甚至有點浪漫，我也慢慢回復活力，尤其過程勞動適量，只要留意森林和草原的陷阱繩就行。原本我有點擔心，後來驚喜發現腿痛反而逐漸好轉。

春季重返校園，我與森林學院野生動植物組的指導老師麥爾康·庫爾特

（Malcolm Coulter）晤談，他的研究專題魚貂[2]和黃鼬同屬鼬科。我提起自己回鄉期間也追蹤誘捕了兩個當地種 *Mustela frenata*（長尾鼬）和 *Mustela erminia*（白鼬），偶爾還能找到其他小型哺乳類，交給我媽製作成標本轉給博物館，包括長尾和短尾鼩鼱、白足鼠、紅背田鼠、紅松鼠、飛鼠等等，過程中學會從雪地足跡判斷動物棲息地。教授聽了很感興趣，更出乎我意料的是，他鼓勵我將經驗寫成小論文，作為原創研究投稿到《緬因野地博物學家》（*Maine Field Naturalist*）。我照做了，更神奇的是，一個大二生的文章竟還真的獲選刊出。我把標題訂為「法明頓的黃鼬」（**Weasels in Farmington**），那是距離德萊頓（**Dryden**）比較近的大市鎮。

於是我成了有作品的人，還是科學方面的文章。但我沒忘記跑步，何況跑步其實是那篇小論文背後很重要的推手。可能性的種子已經埋下。我幫跑步找到它真正的夥伴——生物學不正是研究生命本質的學問嗎？然而當下為小論文自豪的我，後來卻出於尷尬而將文章從履歷刪除，原因是過沒多久我

2　譯按：Fisher，又譯為漁貂或食魚貂。

受到他人影響，認為生物學應該著重分子層級的研究，〈法明頓的黃鼬〉根本沾不上邊。（但事隔多年，我又得意地將那篇論文掛在著作列表頂端。後來我明白前往田野與大自然直接接觸是一種個人抉擇，之於我尤其如此，通常能帶來最獨特珍貴的甜美果實。）

我跑步的時候「像隻野獸」

不能跑步導致大一那年累積許多痛苦壓力，看似近在咫尺卻從手中溜走的東西更顯寶貴。跑步並未從我的生命中消失，我用功讀書、在校園找了兩份打工，一個在自助餐，一個是學生會大樓的「熊窩」，很多人在那兒圍著桌子喝咖啡（那時候用的杯子都得洗）。我大部分的時間還是貢獻給課業，多數科目得B，少數能拿A，那年代這種成績已經算是名列前茅。說來也不奇怪，我們田徑越野隊是校內GPA（成績平均績點）最高的群體，不過我還沒去跑就是了。跑步成了一個夢，而到了夏天，我開始感受到轉變：跑步的力氣慢慢回復了。當時我向森林資源系申請到工作機會，又是緬因北部，比上次更遠，要進入阿拉格什（Allagash）地區。差別在於這次會有四個大學同學相伴，而且服務對象是國際紙業公司（International Paper）。

我們的工作內容是長途跋涉，橫切穿越森林，挑選適合的樹木以後噴上紅漆，伐木營的工人大半是法裔加拿大籍，他們會提起鏈鋸騎馬過去砍伐。我們會在大約胸口高度的樹幹位置噴漆，方便伐木工辨識；另外也會在樹根噴漆，以便從殘株證明他們沒有濫伐。我們移動時排成一列，彼此保持距離擴大偵察範圍，幾乎每天從早到晚都維持低度運動量。週末雖然休假，但營地太北邊、家鄉太南邊，沒有回去的可能。幸好我準備了各種小動物陷阱，放假不但有事做還能賺點外快，這回是特塔克斯（Turtox）生物素材公司委託捕捉田鼠和地鼠，而我提供的主要是短尾鼩，將之浸泡酒精以後可用於初級生物實驗室的解剖。但我自己對其他物種也有興趣，有機會也會做成展覽用標本。

秋天的時候我回到了奧洛諾緬因大學，將捕捉到的動物拿給動物學教授艾伯特・巴登（Albert Barden）鑑定。他專門研究哺乳類動物，覺得其中一隻十分特別。父親知道了可不開心，覺得我在阿諛奉承。或許他心裡不是滋味吧，因為他沒機會完成大學學業並得到應得的賞識。然而說實話，過程中我確實得到鼓勵和人脈，也增加了不少知識，種種影響下最終我轉到生物學系去了。

前往伐木營時，我的課外活動並不僅限於捉地鼠。營地位在一條漫長泥巴路的盡頭，起自亞什蘭（Ashland），伸入望不見另一端的北方大森林。每天晚餐後我在路上來回練跑四英里，因為沒帶跑鞋所以都穿靴子，而且無法測速就只能自己感受，維持在稍喘但不過分的程度。另一方面，白天健行運動效果很差，尤其後來造紙廠老闆麥克・馬蘭（Mack McLain）每週會離開拉姆福德（Rumford）到這裡視察一次，他在場那天，我們多半就在林間找塊青苔地坐下，聽他說笑話或講笑話給他聽。

那年秋天回到校園第一天，我又鑽進體育館換好衣服，踏上越野賽道。頭一圈遇上前一年的緬因州中型高中組冠軍，一前一後練習結束，快要回到體育館門口的時候他開口：「我們比一場！」「好呀。」兩個人二話不說開跑，過程我沒什麼印象，結束以後他說看我穿的明明是靴子，速度卻快得噴他滿臉沙。聽起來很誇大，但至少證明經過一個暑假的練習，我的水準進步了。兩年前，大型高中組越野冠軍沃特維爾中學的波特・霍金斯也輸給我過，但原因是人家尿急去廁所一趟，我只是運氣好撿了個便宜。這一年不同了，我與頂尖跑者並駕齊驅，或許大二終於能夠夢想成真進入校隊。

安頓好生活、上過幾天課，我回去四分之一英里賽道找到教練，他正好在評估下一季越野賽的種子選手。他的專長是鉛球，前陣子幫新罕布夏大學培養出一位冠軍，現在才有空回頭處理越野賽跑這個完全不同的領域。重返場地又能夠賽跑的感覺真好。「伯恩，要不要來個一英里試試看？」教練開口問。

「好的，教練，」我過去就位。「準備、就位……跑！」他喊完便按下不離身的碼錶。能在賽道上奔跑太棒了！而且黑色帆布運動鞋跑起來真是輕盈敏捷。我好喜歡這樣的感受，而且才四圈，小菜一碟。跑完以後，教練再按下碼錶，看了一眼喜孜孜道：「四分半！要不要再一場？」我不覺得特別累就答應了，幾分鐘之後重跑一次、兩次、三次，成績變化不大，他笑容越來越燦爛。

很可惜的是，一整季下來大家速度越來越快，我卻不進反退。其實校隊沒針對速度做訓練（高速短距離，例如以四百或八百公尺為間隔，中間穿插短暫休息），而且我與隊友一起跑以後總里程也下降。跟夥伴跑的時候幾乎就會靠在一塊兒，不特別想要出頭，只是盡量保持速度和距離別脫隊。越野賽跑被歸類為長程，儘管每次才五到六英里，但相較於一英里或半英里來說速度也放慢很多。所以沒經過討論也沒人提出異議，校隊練習似乎就以慢跑為主，反正我們在州內已經第一，夢想著能在隔年洋基大會上獲得優勝。

有一次全體成員進了宴會廳慶功，大口嚼牛排順便推選下一任隊長。我印象特別深的一幕，是教練站上舞臺，打開一張張紙條。每個隊員在紙條上寫下自己推舉的新隊長，我也算是潛力股，比賽成績一直和當時公認的州冠軍麥克．金波（Mike Kimball）不相上下，而且三度追上比賽時領先的隊友但故意放慢腳步。為何那麼做？因為我覺得是團隊活動，只要是我們隊拿前兩名，誰先誰後都是三分不影響結果。同一年，背傷奇蹟好轉，我還和隊上所有人建立了深厚感情，大家同甘共苦、團結合作，輸的時候一起承擔，幸好大部分都贏就是了。即便不練習的時候，他們問起我的口音與成長經驗，表現出來的不只是好奇，也是關心。還有同伴說我跑步的時候「像隻野獸」，與他們相處起來就像回到家那麼自在。我身為校隊一員，為校隊而跑。校隊就是我的歸屬。教練唸完一張張紙條上的名字開始統計，裡面當然也有一張是我寫的，上面並非自己名字。全隊投票這種場合，我不好意思毛遂自薦。

教練緩緩起座，站直身子，沉吟半晌表情嚴肅掃視下面一圈，開口宣布：「明年隊長是——伯恩！」我情緒激動不已，經過這麼多年，我終於得到親近的人、有共同目標的人接納。然而我的人生依舊曲折。

父母下一個計畫還是非洲，為期一年。我明白，他們自己心裡也清楚：這是最後一次了。爸爸明確開口提過，而且他真的老了，外表與體能都掩藏不住。母親在上回的安哥拉任務差點送命，這次委託接不接都還在猶豫。他們需要我，而且這不但是我陪伴雙親絕無僅有的機會，更是自己一輩子就一次的大冒險。去了對不起教練和隊友，不去卻對不起自己與爸媽。兩難之下我與父母出發了，很傷心自己令同伴失望，他們恐怕無法理解我的處境。

莫非定律的實例

後來一整年，前後兩個夏天，本該打工賺學費的日子，我卻待在坦干伊加（Tanganyika，現在的坦尚尼亞）。前無古人、後無來者的艱苦工作，委託人還是耶魯大學，我不但分毫未取，對個人而言最大代價是沒辦法繼續跑步，只能每天午後到入夜時分獵捕體型小、行蹤詭祕的叢林鳥類並製作標本。身邊有三個人幫忙，兩個年紀相仿的當地人瓦基瑞與巴卡利，再來就是我母親。這份多方合作的計畫成果目前收藏於耶魯大學皮博迪博物館。我在非洲土地上的跑步經驗不多，斷斷續續的。最初目的地是與世隔絕的島山叢林，探險隊在三蘭港（Dar-es-Salaam）等待物資與卡車，短暫空檔時我找到當地牧牛人比賽，以八百公尺操場跑了兩英里。很久之後在叢林深處，我打鳥的流彈驚嚇到一條很大的噴液眼鏡蛇，看見牠撲過來我只能拔腿狂奔。這一年裡我仍與緬因大學的教練書信聯繫，他說康乃爾大學有個肯亞學生赤腳跑步卻拿下美國業餘運動員協會比賽的冠軍。得知此事，我一抵達現在的阿魯沙國家公園（Arusha National Park）就嘗試光腳丫跑步，前面還挺順利的，但不知不覺跑到天黑，距離那年四處為家的簡易帳篷還有一大段距離，環境中又有獅子大象犀牛水牛等危險生物，最好的選擇就是快點跑回去。結果腳底廢了，之後兩星期都沒辦法好好走路。話說回來，我在非洲捉到不少象糞巨蜣螂，所以拿到生物博士學位之後我還多次回到非洲。牠們不只打開昆蟲生理研究的新篇章，也引導我對人類長程跑步有了新見解。但無論如何，歷經十五個月，重返緬因與隊友相聚，我內心的喜悅難以言喻。

自從高三我就參與滑雪活動，還是三校聯合冬季嘉年華上的常勝軍。事隔多年之後，我出門滑雪，只不過是去玩玩，卻撕裂了自己的內側半月板[3]。原因是我有了車，開車從塔糖山度假村下坡一段路之後拋錨，想重新發動引擎就從後面推，結果反而受了傷。其實大學時期教練就勸我別滑雪，他說想跑越野不可以受傷。那時候我聽了勸，大學四年沒滑雪，春天越野、冬天就去室內跑。無論室內室外都以兩英里為主，有一年贏得州冠軍，比賽時間是春天，地點是貝茲學院，從我家開車過去半小時。爸媽從未過來看我比賽，我知道他們不會來也就不擔心自己沒看到他們。但冠軍賽那天風和日麗，我在露天看臺上竟找到菲爾．波特的身影。

3　譯按：膝關節軟骨組織。

好多年前他帶我去緬因州各處打獵泛舟釣魚，我也在他和他太太梅朵經營的農場打工賺錢，買下人生第一臺相機與第一把獵槍，單發的雷明頓點二二。我因為逃學暫時被逐出欣克利愛心中學而只能留在老家那年，他甚至將自己的溫徹斯特點三零三十槓桿式步槍[4]送給我，我用來獵了人生第一頭也是最後一頭鹿。回到貝茲學院的比賽，菲爾一個人來，坐在看臺最前排，面前就是選手要繞八圈的跑道。

那場比賽就很多意義來說，是我在追趕學長麥克．金波，他是緬因州最棒的跑者，後來打破美國長跑成績的一小時門檻。剩下兩、三圈了，學長還在我前面幾步距離，以前沒現場看過賽跑的菲爾忽然跳了起來，像發瘋似的扯開嗓門替我加油。終點線前一刻，不肯放棄的我終於穿過學長身旁獲勝，菲爾雙腳躍起，興奮得午餐從口中噴出來。其實那次成績普通，不值一提也沒人記得，但當時奧洛諾緬因大學在兩英里比賽並沒什麼輝煌紀錄，能在自己熱愛、當作第二個家的團體留下一筆，對我來說就很榮幸了。認真想要打

4 譯按：槍枝數字前為口徑（單位為英吋）後為子彈重量（單位為「格林」）。

破兩英里紀錄是日後公開賽的事情，屆時我依據自己的理論，以獨創模式做訓練，必須找個場合測試效果。

那次比賽在冬天，場地是熟悉的體育館。由於在室內，得跑很多圈才能累積兩英里。這類比賽的慣例是主辦單位設置起點線與終點線，計算跑者達成的圈數，剩下最後一圈時，領先者或領先群會再次聽見槍聲，就知道即將完成比賽。既然目的是拚紀錄，我整場等著最後衝刺的信號，聽見以後我使盡吃奶力氣向前飛奔，畢竟那是自己在奧洛諾緬因大學的最後一次機會。突如其來，竟然出現第二次、第三次砰砰聲！

不久後得知，追加的信號其實是要跑者暫停，比賽提早結束，賽務人員失誤了忘記提醒，我等了很久的最後一圈早就跑完。從成績來看，只差兩秒就能破紀錄，關鍵就在最後一圈沒加速。我感覺自己活生生成了莫非定律的實例，能出差錯的環節就一定會出錯。作為跑步生涯的收尾感覺很差，但我盡力了，大學總是得畢業，往後的人生道路還很長。

第七章　科學之路

科學與跑步一樣，要做比較時有個預設前提是其他條件皆相等。然而在生物學上，一切都和時間掛鉤，現在的狀態是過去一切累積的結果。

父親擔心我跑太多，或許還是有點道理。大學都要畢業了，我對未來卻沒什麼頭緒。下一步？至少有一點很確定：我很自由，也能充分運用這份自由。面對生涯，首先應該審慎評估，但我正好在校刊上看到一則廣告，航空公司針對學生推出夏季的倫敦來回優惠，價格十分便宜。衝動之下，我拿出在學校實驗室擦玻璃器皿存下的錢訂票，花兩個月時間環遊歐洲。明明聽過那麼多歐陸見聞，但除了小時候在哈恩海德森林的經驗外，始終沒機會親身接觸這片土地。

經過一、兩個小時的航程，我降落在希斯洛機場，買了二手單車、乘渡輪通過英吉利海峽，騎到巴黎羅浮宮欣賞了蒙娜麗莎。除了偶爾帶著紅酒與一條新鮮麵包，我身上沒有別的行李，睡覺就找青年旅舍，一個晚上的價格只要零頭。逛完巴黎，我騎到挪威奧斯陸見識霍曼寇倫（Holmenkollen）滑雪跳臺，不久前當地舉辦了奧運。之後我又進去維京船博物館參觀。再來南下漢堡，重訪兒時待了好多年的哈恩海德森林小屋。通往林中小屋的蹊徑已經肉眼難辨，然而意外驚喜是途中我又找到兒時最愛的 *Laufkäfer*（步行蟲）。感覺繞圈圈繞了上千次，老屋忽然現身眼前，好端端站在那兒分毫未變，只是窗戶緊閉，門卻沒上鎖。我不由得情緒潰堤淚流滿面，美好回憶自心底甦醒，甲蟲、蜜蜂、鳥、毛毛蟲，甚至林子裡好幾棵我認識的樹，除此之外還有好多好多記憶。沿著已經難辨的小路走到溪邊，我佇立柳樹下，想起一家人曾在岸邊撈魚，當年樹幹分叉處有個覆蓋青苔的袋狀鳥巢，透過小洞口能看到兩隻長尾山雀。我彷彿乘著回憶，在光陰中逆流而上。細數過往，生命科學在成長過程中的軌跡難以磨滅，卻逐漸被我自己擱置。它正等待機會復甦重生。

那時候我對生物學的印象是：花很多時間在實驗室裡與試管作伴，鑑定新物種之後，取個僅少數學界精英喊得出來的花俏拉丁學名。中學有拉丁語課程，我成績不大好。進大學以後修過生物化學，知道蛋白質、碳水化合物、脂肪、核酸是由碳、氧、氮、氫原子構成；DNA分子並不只是化學物質，還包括編程資訊，複製到每個細胞，可以解釋一部分的遺傳、演化、能量消耗與營養等等。內容有趣，但我覺得很跳脫日常生活經驗。不過自非洲返回後，我從森林學系轉到生物學系，因為發現不會拉丁語還是能當生物學家，自己前進的方向大致正確，只是無數可能性交錯縱橫像個迷宮，需要找到正確路線才行。

轉系以後，首先修的是動物學（生物學）概論，之後則有查爾斯・梅哲教授（Charles Major）的生理學。他研究老鼠，在課堂上講過自己為老鼠動手術取出肝臟（的一部分），後來肝臟卻再生了。顯然老鼠身體明白一定大小的肝臟是存活必須。教授挑明說無法拿人體做實驗，只好以老鼠為模型，畢竟不能對學生做的事情放在牠們身上就無所謂。但他倒是讓我們測了肺功能，對著儀器吐氣就能算出肺活量。輪到我，深呼吸再朝附刻度的試管用力吐氣，這時候教授又開口了：「大家注意看，伯恩是賽跑選手，肺部容量會比愛抽菸的賈許大不少。」他本意應該是藉機教育和勸世，沒料到適得其反，我的肺活量比抽菸的同學還低。

探索老化與運動之間的關係

科學與跑步一樣，要做比較時有個預設前提是其他條件皆相等。然而在生物學上，一切都和時間掛鉤，現在的狀態是過去一切累積的結果。現實幾乎每秒都在改寫。換言之，其他條件皆相等這種事情很難成立。如果是核物理學或天文學，數學公式可以精準描述現象，不因時間改變且放諸四海皆準。以上述例子來說，或許我的肺部天生較小，或許我吸氣不夠，又或許我肺部效率高所以不需要一直擴充容量。而且說不定抽菸者的肺部會擴大，彌補損失的效率。後來我懷疑年齡也是可能的因素之一。

我認識的跑者絕大多數在二十五到三十歲會放棄。乍看之下好像真的有個不可違逆的生物時鐘，每個人一生的心跳次數在出生時便設定完成。由於跑步消耗的心跳次數是平常的三、四倍，看來我們得在活得緩慢但長壽與活得輕快但短命之間做抉擇。我父親年輕時也跑步，他很重視養生，菸酒不沾，不吃花生醬；雖然他青年時期也贏過比賽，後來卻完全不跑了，往後也基於上述理由建議我別跑。我沒聽他的話，主觀上不相信跑步會造成生物時鐘走得快，提早虛弱和死亡，可是我希望找到客觀證據，同時更思索著自己的跑步成績有沒有進步空間。當年的我想得到答案只有一條路，就是研讀生物學，探索老化與運動之間的關係，或許在生物化學領域能夠找到線索。

於是秋季我就讀碩士班，研究專題為原生動物纖細眼蟲（*Euglena gracilis*）[1]在呼吸方面表現出的生物化學特性。牠利用狀似尾巴的鞭毛在水中推進，單細胞的身體需要碳元素作為構築材料，取得方式有兩種：在有光的環境，牠能像植物那樣透過光合作用分解空氣中的二氧化碳；在無光的環境，只要有糖類、乙酸鹽或其他碳鏈化合物，纖細裸藻依舊能夠生長繁殖。專題討論時，教授出了一項功課，學生必須提出生理學領域的主題並設計實驗得到答案，之後如研究員那般撰寫計畫書，向國家科學基金會申請經費。我的主題是運動，標題定為「飲食及運動與老化的生物化學相關性」。五十

1 譯按：眼蟲屬生物兼有葉綠素和眼點，亦即同時具備動植物的特性，故在植物學和藻類學稱為「裸藻」，原生動物學稱其為「眼蟲」。

五年後，藍色墨水手寫的六頁報告我還留著，再讀一遍總覺得彷彿剛寫完不久。雖然後來相關領域研究豐富，但未知實在太多了。

報告開頭，我引用科學家克里夫・馬凱（Clive McCay）在一九三〇年已經證實的概念：若環境受到嚴格控制，限制實驗室老鼠的食量會大幅減緩其外觀與生理機能的成長，亦即延遲老化過程。他的資料十分完整，從其中得到的結論是，若將老化定義為壽命長度，其他變因保持一致時，顯然食物就是老化因子。單純這樣解釋，或許會有人異想天開，覺得餓死自己反而能活得更久。後來另一位科學家漢斯・塞利於一九五〇年提出另一個觀點，他主張運動會提高「生命密度」，也就是「耗竭」生理資源，結果縮短壽命。我在報告內指出：研究食物與老化關聯的動物實驗漏了兩個需要控制的變項，分別是運動和成長為成體所需的時間。我們知道運動會燃燒熱量，可是老化是在這個過程的什麼環節被啟動？何況人類的生理反應與實驗室老鼠相同嗎？雖然對籠子裡的小動物進行實驗能得出一個結果，但或許與我們的真實狀態毫無關聯。老鼠被關在籠子裡，說不定是無聊而死，又或者沒事做才會拚命吃。真實世界的老鼠為了得到食物需要四處奔走，實驗室老鼠早死的原因為什麼不可以是缺乏運動、成長過快、生活單調呢？也許運動就像鹽一樣，它是過度缺乏會致死的養分，也是過度攝取會致死的毒物。實驗室老鼠早夭的原因，得等到多年後一個預料外的人體實驗才算是有了個解答。

一九八〇年代起，人類社會出現許多新的流行病，包括藥物濫用、酗酒、自殺、慢性疼痛、肥胖與可量化的不快樂，背後成因有可能是現代社會變動太快、壓力太大給人產生的挫折感，以及高額稅金、人工遭機器取代的無力感，越來越多人口被迫從事無益於或不涉及自我價值的工作。安・凱思（Anne Case）與諾貝爾經濟學獎得主安格斯・迪頓（Angus Deaton）合著的《絕望死與資本主義的未來》（*Deaths of Despair and the Future of Capitalism*）探討了這個主題，在我看來症狀與動物實驗中受困於牢籠的老鼠並無二致，人或老鼠都陷入無路可走、沒事好做的情境，除了進食沒別的選擇，但食物又太容易取得，不再需要進入野外接觸自然並勞心勞力。換言之，舊生活模式該有的許多元素都被剔除了，好比明明吃的是水果，裡面卻沒有維生素C。假設一種動物以水果為主食，代表牠不會演化出合成維生素C的能力，所以如果無法從水果中攝取，就得找到其他方式補充維生素C。同樣的，假設牠們取得水果的方式是爬樹，則牠們生來就具備（或者說會演化出）爬樹的能力。而若一種動物以移動迅速的獵物為食，就該天生擅長奔馳，也需要這種活動才能保持健康。無論人或老鼠，不能或不需發揮天賦的環境，等於失去身心所需的養分。我們有能力活得更健康更長壽，畢竟人類並非籠中老鼠，可以透過雙腿與心智找到出路。

身為跑者，又是從小接觸生物學的人，我對醫學理所當然有興趣。醫學就是在人體出了差錯時進行治療，所謂的差錯常常是缺乏某種東西。就跟修車一樣，如果不懂機器運轉的原理，就沒辦法處置得宜。我很想弄明白人體所有機制，但父親建議我去當船醫，才有機會看遍全世界。既然對醫療有興趣，我就試著往那邊發展，申請了醫學院，在研究生資格考試（GRE）中勝過百分之九十九的人，自認入學在望，沒料到竟還是收到制式的拒絕通知單。回想起來，原因或許出在我的小論文對當時主流做法提出異議，反對在孕婦腹部做X光攝影；我認為這做法不合常理，而且可能有害。

前途茫茫之際，衡量起來先解決兵役問題似乎是上策[2]。為求時間效益，我自願加入陸軍傘兵部隊。當時自願入伍者優先選擇崗位，我填了傘兵並要求駐紮德國，結果又被退回，理由是體位——病歷明擺著背部受過重傷造成椎間盤破裂。我到底還有什麼選擇？

於是我成了環境生理學家

答案是研究所。畢業之前，我曾經在奧洛諾緬因大學詹姆斯·庫克教授（James R. Cook）的實驗室打工，幫忙清洗玻璃器皿，他還很好心讓我請長

2 譯按：美國在越戰前實行徵兵制（形式廢除時間為一九七三年）。

假去歐洲。詢問之下，他願意收我進入兩年期的碩士班，不但可以延續之前的計畫，還能跟著他做細胞代謝相關研究，最棒的一點是竟然還有收入。機會太完美，樂得我差點飛上天，而且總覺得這際遇似曾相識——原來那時恰好讀了辛克萊·路易斯（Sinclair Lewis）的小說《亞羅史密斯》（*Arrowsmith*），主角也是歷經連番波折後得到賞識，有幸為自己仰慕的教授擔任實驗室助理。

庫克教授外號「迪克」[3]，他確實如同小說故事裡主角的貴人，兩年裡帶著我寫出三份論文投稿至頂尖期刊，主題是眼蟲細胞以何種代謝途徑處理葡萄糖和醋酸（顧名思義是食用醋的成分之一）、若空氣中沒有二氧化碳以外的碳元素來源時，牠們怎樣以光合作用生存。在禮堂公開發表碩士論文之後，教授如往常叼著菸斗走上臺對聽眾說：「真他媽的好久沒聽過講這麼好的了。」我高分取得學位，雖是意外殊榮，但我有些心虛，因為全都要歸功於教授的指導。我與他做研究是基於興趣，過程中一起學習。取得學位後，

3 譯按：名字或中間名為 Richard 時，從 Rick 轉音而來的外號。

教授建議我去新環境拓展視野並攻讀博士。生理學教授查爾斯・梅哲順勢指點一條路：紐約州立大學水牛城分校，那邊有位赫爾曼・拉恩（Hermann Rahn）教授是呼吸生理學權威。

我提出申請，也順利獲得面試機會。走進拉恩教授的辦公室，第一眼看到的是魚缸封上蓋子，裡頭的老鼠在水下游泳，完全沒浮上來喘氣，代表缸內的水經過加壓，氧分壓高得足以維持老鼠活動。我看得驚奇，加上既然是對方要求面試，感覺等教授先說話比較禮貌。但他一直坐著，打量幾分鐘後才忽然起身，一開口就說：「面試結束了。」我想他是認真的，就轉身出去找到第二位面試教授。這位老師話多些，問起為什麼對生物學有興趣，我說了在哈恩海德森林的故事：春季某天，上學路途中穿過小溪，我們徒手抓魚，抬頭又看到大柳樹上密密麻麻被黑色與赤褐色的東西包圍，原來是許許多多熊蜂朝花朵聚集，後來——「你啊，」那位教授打斷我，「是個『博物學家』。」他說到博物學家四個字時拖得特別長，我想意思是我感興趣的並非生理特性，因此不適合成為科學家。要是我提到自己投稿《緬因野地博物學家》那篇〈法明頓的黃鼬〉大概更慘。事隔多年回顧往事，我才知道自己天真，明明是對學界很大的貢獻，我卻以為不重要。那個年代，生物學正經歷重大變革，源於一九五〇年劍橋大學詹姆士・華生（**James Watson**）與弗朗西斯・克里克（**Francis Crick**）的重大發現，他們破解了DNA分子結構之謎。我讀完碩士之後僅僅五年的時間，又有馬里蘭州的國家衛生院研究員海因里希・馬特伊（**Heinrich Matthaei**）與馬歇爾・尼倫伯格（**Marshall Nirenberg**）破譯遺傳密碼。

回到緬因州，我告訴迪克自己去過紐約大學水牛城分校，但在拉恩博士實驗室碰壁。他思考了一會兒，將菸斗自口中取出問我：「不然你去加州大學洛杉磯分校試試看？」之前迪克和我討論過如何將研究推展到DNA層級，想法是將眼蟲的葉綠體視為獨立生物，一種依附原生生物或植物的寄生體。而我們測量自眼蟲到人類的能量消耗時則針對粒線體，它或許來自生物體與古代細菌的共生關係。緬因大學的實驗室設備不足以探索這種令人興奮的可能性，我認為洛杉磯是最有希望的地方，但忽然跑去加州大學感覺非常冒險。「我想去！」結果我還是這麼回答他，而且運氣很好，不但不必面試，他們還在初期就給我研究津貼，後來更為我安插了昆蟲生理實驗室的助教職位。

踏入未知領域通常很興奮，卻也可能令人害怕。我進加州大學洛杉磯分校就是這種狀態，最初在DNA實驗室做研究，與另外三位研究生相比，我明顯就是緬因州森林來的鄉巴佬。都市生活確實對我是頭一遭，連校園都顯得如此巨大，我什麼都不懂、誰也不認識，幸好很快在外國籍學生的聚會中認識了奇蒂．潘澤瑞拉（Kitty Panzarella）。奇蒂來自臨近城市安那翰（Anaheim），漂亮又和善，那時還是大學部學生，參加聚會活動時因為年齡問題不能在櫃檯拿啤酒，於是開口請我幫忙，結果兩人順勢談戀愛交往。回想起來，雖然我在緬因大學庫克教授實驗室待了一段不短的時間，其實許多方面同樣不成熟。

收我入門的指導教授根本不在實驗室，都待辦公室，因為他是系主任。打從我進去第一天起，學術研究這條路就是孤軍奮戰，過了半年時間，意識到儘管是教授同意的主題，但我根本沒做出任何進度。做研究和跑步不一樣，跑步規則簡單清楚，我只要盡全力就好。原本我的計畫是分離眼蟲粒線體與葉綠體的DNA，但別說確實的結論，連初步線索都沒有。然而我得知要在科學領域攻取博士學位，條件是取得重要發現，眼看機會渺茫，同時身體出現關節痛的怪毛病。醫生沒辦法解釋成因，既不是風濕，血液檢查也沒有尿酸過高，應該不是甲狀腺腫大。我的行動力越來越差，從跑步變成走路、從走路變成拄拐杖。我想逃離，卻找不到出口；或許直接轉換跑道，尋找全新的目標才有可能。最後我的解決方案是拋棄DNA研究，調到位於地下室的另一個實驗室，聽之前夥伴說那邊什麼人都收。於是我就成了環境生理學家，而且這條路還引導我重返跑步。

細數成長歷程，無論哈恩海德森林、緬因州農場、欣克利愛心學校，都讓我可以直接接觸大自然。這種出身背景將我推回自然史研究，而自然史是生物學背後取之不竭的泉源。到了加州、離開DNA研究以後，我又找到一片沼澤，裡面有許多反嘴鷸、綠虎甲蟲棲息，莫哈韋沙漠則有很多渡鴉、跳鼠和蜥蜴。新奇的東西這麼多，我甚至還找到以曼陀羅花為食的天蛾毛毛蟲。我小時候在緬因州曾經飼養過這種毛毛蟲，在加州大學我則是把牠們帶進實驗室，以新鮮菸草葉盆栽當飼料（菸草葉是實驗室內的植物學家為測試病毒所培育）。那些像蛆一樣的小東西很厲害，幾乎沒看牠們移動，卻能吃掉長度是自己身體數倍的葉子。初步觀察，牠們之所以能生存在熾熱沙漠而不會脫水，祕訣就是葉子——葉片是食物、是水分來源，也可以遮陽蔽蔭。問題是怎麼同時吃葉子又拿葉子擋太陽？要吃更快更多來彌補水分流失？曼陀羅花的分布很散，吃完一株的所有葉片以後，牠們是否透過特殊機制保存體內水分？隨隨便便就可以冒出彷彿無窮盡的研究課題，幸好前面大半問題很快就得到答案，於是我速速在知名的英國期刊《動物行為》（*Animal*

Behaviour）發表了文章。只可惜接下來我又卡住了，雖然將主題換成昆蟲生理機制，不斷做實驗卻只能得到已有文獻證實的結果。

不過後來我又觀察到令人振奮的現象：毛毛蟲化為天蛾以後，在我沒辦法跑步的酷熱環境中，竟然不會過熱而能夠自由飛翔。事實上，牠們的飛行過程中產生的熱能遠比人類跑步時要多。天蛾如何在盛夏的加州沙漠飛行卻不會變成烤肉？我認為這個現象非常值得研究。

實驗成功的滋味很美妙

學界很早就留意到一點：許多昆蟲在活動前會暖身，方法是顫抖。考慮到昆蟲體積小，熱量流失與冷卻很快，邏輯推論是牠們會根據要進行的活動決定體溫，只產生足夠的熱量，因為人類的身體也是這樣做。然而我在實驗中持續觀測飛蛾的新陳代謝率，卻發現無論外界氣溫為何，牠們飛行時總是製造相同的熱量。另外，不同氣溫下，牠們的肌肉溫度竟然都維持在相近的程度。

換言之，昆蟲應該有一套獨特的排熱模式，否則無法調節與穩定體溫。關鍵就在於，這個機制究竟如何運作？畢竟昆蟲不像人類會排汗。仔細分析以後，我排除大部分選項，假設牠們是透過血液運送廢熱，起點是高溫的飛行「引擎」，終點則是如同汽車「散熱器」的腹部。研究期間，新指導教授喬治・巴塞洛繆（George Bartholomew）前往澳洲觀察哺乳類動物，我又只能靠自己。他有位代理人是弗朗茲・英格爾曼（Franz Engelmann），專長為保幼激素（juvenile hormone）[4]，可以在蟑螂之類昆蟲身上找到。當時我在他的實驗室擔任昆蟲生理學助教，他聽完我的假設以後，直接打回票說不相信，要我設法證實，方法是解剖蟲體的循環系統。很好，我樂意之至！我拆開飛蛾外殼，看到外骨骼底下的東西，然後用我自己的頭髮進行實驗看看鹿死誰手。

4　譯按：昆蟲在發育過程中由咽側體所分泌的一種激素，能抑制成蟲特徵出現，使幼蟲蛻皮後仍保持幼態。

我用手術針將頭髮纏繞在飛蛾體內管狀的「心臟」，牠們的血液從這裡輸往腹部（腹部沒有肌肉，不會製造廢熱）朝前端振翅的肌肉流動。接受手術後的天蛾被放進溫度受控的房間，讓牠們顫抖暖身開始飛翔。涼爽房間組的飛蛾狀態很好，飛行沒有間斷。溫暖房間組的天蛾大概一分鐘左右就掉到地板，因為飛行用的肌肉都嚴重過熱。這次實驗算是鋪路，最終目標是要證明牠們會將飛行產生的廢熱運送到腹部，以腹部作為散熱器。實驗成功的滋味很美妙，我的亢奮程度超越後來在波士頓馬拉松獲勝那次，所以立刻將結果和其他假設撰寫為論文進行發表，在《科學》（*Science*）與《實驗生物學期刊》（*Journal of Experimental Biology*）各投了兩篇。

實驗不局限在廢熱部分。為了研究關閉排熱機制會發生什麼現象，我也測驗了天蛾是否在必要時能針對飛行降低生熱。這就好比人類跑步的時候忽然有股神奇力量使腳步輕盈，我則是給天蛾大幅降低能量消耗不必生熱的機會，方法是設計簡易裝置懸吊天蛾幫牠們在空中連續兜圈，同時以滑動式電流觸點測量肌肉溫度。得到外力輔助的天蛾就像體重忽然變輕的跑者，只要一點點力氣就能持續不斷飛行。結果雖然一如預期，但也是個新發現：天蛾果然選擇省力，停留在相同高度（因為懸吊而不得不）並降低生熱，於是肌肉不再持續高溫，也沒有大量廢熱需要排出。

科學研究有了突破的前不久，其實我才經歷巨大挫折，我的體能惡化導致無法在加州大學校園內跑步。起初是無法解釋的關節疼痛，這似乎印證人類身體機能確實會消耗殆盡，而症狀惡化到我連走路都有困難，必須拄拐杖行動。問題在於那時候我才三十歲，未老先衰實在不合理，而且我自己判斷起來，身體異狀恐怕不是因為勤於練跑、生物時鐘的配額告罄，很可能是心理問題，畢竟那時我在太多方面感到茫然，例如都會生活空洞、文化充滿陌生隔閡、持續數年的人生挫折等等。不過隨著學術研究曙光乍現，身體說不痛就不痛了，彷彿有個開關能控制，只是先前沒找到而已。

另一方面，我與奇蒂·潘澤瑞拉結婚了。就是我剛到加州大學第一週便認識、來自學校附近城市的那個女孩。研究熊蜂的時期，我們兩個人幾乎每年都趁夏天過去緬因州，住在父母的農場。為了觀察蜜蜂的行為，我有時得追著單一黃蜂（身上有不同顏色與數字的標籤）在重複路徑來來回回，即便如此關節疾病仍舊沒復發。後來我回復練跑，而且就在馬路上跑。那年頭印象中沒人跑步，我穿著短褲在街頭穿梭總是引人側目，甚至成了某種活動景點，有些人開車經過看到了還會按喇叭打招呼。還有一次是以前緬因大學的老朋友緩緩駛到我旁邊，搖下車窗後他一臉不可思議地問：「你居然還在跑？」嚴格來說是又跑起來了才對，可以比喻為重啟時鐘、重獲新生。

可是我遲遲未能聯絡上新的指導教授，外號「老巴」的喬治・巴塞洛繆。他當時收我為門生純粹是好心，畢竟談定之後才一個月左右，他人就前往澳洲，後來整年都在那裡研究哺乳類，根本沒等到我做出成果。但老巴並非都沒幫上忙，他一開始就要我設想至少六個有興趣的博士研究計畫，於是我先守在圖書館好多天，接著泡在臨近的安沙波利哥與莫哈韋沙漠，絞盡腦汁探索還有什麼能當作研究主題。天蛾毛毛蟲就是這樣來的，當然還有其他題目，只是我評估起來覺得潛力較差。幸好天蛾研究也如神來一筆大有斬獲，或許因為我自己早就對牠們深感興趣，小時候好玩抓過毛毛蟲、長大了也會收藏天蛾標本。

研究有了突破，我當然急切想告知教授，好不容易透過巴布亞紐幾內亞[5]一個臨時研究站找到他。老巴在那兒觀察蝙蝠，向學校請的一年期學術長假已經逼近尾聲。聯絡上之後，我提到自己有豐富的鳥類與蝙蝠捕捉經驗，大學還休學一年去了非洲。

到了新幾內亞，我一邊幫教授捕捉蝙蝠和鳥類，一邊繼續測量熱帶蝴蝶與天蛾的體溫變化。老巴針對新幾內亞蝙蝠與澳洲或加州物種做比較，沒聽他對自己的研究有什麼興奮情緒，反倒我說完天蛾實驗結果以後，他才一副瞠目結舌的模樣。見教授不講話，我心裡好緊張，可是老巴沉吟半晌之後竟然開口說：國家科學基金會有給他研究經費，可以從中撥款，聘用我一年進

5　譯按：位於下段提及的「新幾內亞島」東半側。中國譯為「巴布亞新幾內亞」。

行博士後研究。這下輪到我無語了，當下陷入兩難不知怎麼回答好。

我還沒拿到博士學位，天蛾起飛暖身的數據也尚未處理完畢。先前的大發現與當年學界主流觀點相左，這份資料是強而有力的證據，因此十分關鍵。然而老巴認為無所謂：「你的毛毛蟲研究就足夠拿到學位了。」我不同意，那個研究分量不夠，可是指導教授都開口了還要怎麼說？主觀上，我覺得天蛾研究比毛毛蟲研究有更大的學術貢獻，所以希望自己博士學位的標題是天蛾運動生理學，而不是毛毛蟲食葉行為。（後來為了專注在天蛾，毛毛蟲相關研究交給同學發表。）但我還是答應接下博士後研究，教授則提議兩人協作。這個安排很合理，蝙蝠與鳥類都有蟄伏後熱身的行為，正好是巴塞洛繆老師最為人所知的研究專題。得知他高度讚賞我的天蛾研究，我便聊起夏天會去緬因州觀察熊蜂，以及自己從其他昆蟲身上觀察到更多，比方說非洲的象糞巨蜣螂[6]令我印象深刻，牠們發現大象糞堆就一擁而上，場面可用熱血來形容。大型蛾類雖然體型勝出，但只要翅膀也大到足以在空中滑翔，

6 譯按：蜣螂即俗稱糞金龜。

其實體溫相對比較低；天蛾則以速度見長，對比起來就像戰鬥機。這些心得打動教授，他決定出資安排我們一起前往哥斯大黎加和肯亞的察沃大象園區進行更深入的研究，也支持我繼續觀察熊蜂授粉行為對植物的影響。後來他又問了句：「介不介意我在學術會議上談論這些昆蟲動能學的想法？」介意？怎麼可能！

我們生來就是跑者

那年夏天，緬因州的熊蜂觀察結束，回到學校以後，博士後研究又忽然縮短了。我的口試委員副主席弗朗茲·英格爾曼通知我：不遠的加州大學柏克萊分校開了職缺，正好要聘用昆蟲生理學家。當初就是他要我完成不可能的任務，截斷昆蟲血液流動來證明自己的理論正確，而我也被他激將成功了，靠一根頭髮做出實驗。聽完以後，我的第一反應是：「不要，我對去柏克萊教書沒什麼興趣。」英格爾曼則說：「傻了才不去。」

於是我提出申請，也順利就任，開始昆蟲生理學的教職與研究生涯。但才剛進去就發現內部財務危機，昆蟲學系沒有足夠經費提供預期的設備。然而這個情況反倒成了絕佳機會，因為我長年觀察緬因州熊蜂，累積大量牠們與沼澤原生植物互動的紀錄，只要消化整理為文字即可。我認為這項研究非常有意義，不僅涉及昆蟲使用能量的生理機制，也能探討熊蜂在植物社群結構和演化途徑中扮演的生態媒介角色，其結論或許可解釋為何花朵的形狀色彩繽紛繁複，為何花蜜和花粉對昆蟲有不同的獎勵時程。換句話說，並非所有花朵都按照某種「最好」或最佳化的模型演變，而是各自發展導致最終出現巨大歧異。這類觀點在當時十分盛行，儘管限於理論層面但仍是科學上的新發現，需要證據加以支持或推翻。我以此為題，花了很多時間撰寫論文想投稿到《科學》期刊，可是改了七次稿子還是覺得不成，暗忖尋求外部意見或許是個好辦法，當然對方最好也熟悉生物學。

老巴建議我到臨近的大學找某位教授，他認為對方會有興趣。我急著做出成果，也好奇自己改來改去那麼多遍究竟寫得好不好，但還是決定先進行同儕審查再投稿《科學》，還為此先對了格式。那位教授回應了，一開口就是邀請我對他指導的研究生講解這個主題，我深感榮幸，馬上答應。

活動很順利，感覺得出這個主題大有可為，我壓抑不住內心的雀躍。離開大樓還沒回到自己車上，那位教授追了過來，問我是否可以兩人聯合發表論文。什麼？

我聽了一愣，對方隨即表示能夠幫我申請政府補助。然而我終究婉拒，提到系辦祕書海倫反覆幫我改草稿，最少也有八次。對方又問，那可不可以給他讀讀內容？我覺得也好，很開心地寄過去，期待得到各種評論、糾正、建議。事情轉折令我錯愕——那位教授收到我打字列印的草稿，自行改寫並發送給美國國家科學院，那些大人物也向他表示他的想法值得讚賞。（後來我更懷疑不只讚賞這麼簡單了，因為他和我的指導教授一起獲選進入國家科學院，那可是美國學界最高榮譽，只授予提出原創研究的人。）或許向他道賀一笑置之也就罷了，但我覺得自己遭到設計，尤其後來這位共同執筆者（都變成「他的」論文公諸於世了，說他是執筆者不為過吧）還就相同主題舉辦國際會議。他完全不覺得應該通知我，我還是自顧自地出席，自顧自地提出相關數據。對方刻意在公開場合說我的發表「語無倫次」、「延伸巴塞洛繆的論述而已」。後面那句特別好笑，完全反過來了。

總而言之我情緒掉到谷底，原因還不是自己做的東西很失敗，反倒就是太成功。儘管能在柏克萊大學任教令人稱羨，但我認真考慮是否該離開科學界，不過反覆尋思之後我打消了念頭。這時候放棄，等於真的被對方玩弄於股掌。自尊受創並非一走了之的好理由。

我在柏克萊大學一待就是十年。每年夏天我還是帶著妻子奇蒂、女兒艾莉卡以及狗狗福滿回去緬因州（有一回還帶著兩隻小渡鴉過去）。這是我人生最幸福的時光，教書工作量不大，新的研究方向將比較生理學、生態學、演化探索漂亮地合而為一，關注的是動物就形態學、生理學，以及行為方面如何適應外界環境。如果這還和跑步無關，那我真不知道什麼有關。我研究運動生理學，研究對象從貌似蜂鳥的天蛾到熊蜂，我發現蜜蜂在特定情況，例如外出採集時，會將製造出來的大部分熱量先存放在胸腔，其餘時間則如同天蛾將廢熱排至腹腔。雖然蜜蜂的身體結構看上去有預防熱量散失的特性，孵卵和保護幼蟲時機制仍相同（靠腹部）。我感到好奇，明明為了在寒冷天氣飛行，生理結構發展出保溫的機制，那麼又如何以腹部散發大量熱能來孵卵或養育幼蟲？為了解開謎題，必須瞭解蜜蜂體內的狀態，觀察牠們各種臟器的活動方式。得到答案之後，我將結論發表在《實驗生物學期刊》，用了二十四張圖說明。這份論文對我而言彷彿終點的彩帶線，經過漫長奮鬥總算又能好好喘口氣。

實驗過程需要同步測量蜜蜂的呼吸與血液循環。我發現一個模式是經過加熱的血液同時或分批朝兩個不同方向流動，另一個逆轉機制是外流血液的熱量被回流血液收集起來，經過交替便能傳遞能量到腹部和蜂巢內。蜜蜂的呼吸頻率會配合血液循環，腹部空間發揮風箱作用。類似現象在獵豹身上也能觀察到，牠們的胸腔也具備風箱功能，配合跳躍動作輔助吸氣和吐氣。這個發現也可以對應到我自身的運動經驗，呼吸與心跳節奏和諧時，通常跑步就順暢省力，但有個局限，當時欠缺儀器測量和深入研究，我能確定的範圍停留在慢跑。比方說我平時心跳每分鐘三十五到四十下，全力奔跑時能達到大約四倍，呼吸很難與脈搏同步。有個概念以後，我開始思考效率與持久、力量和速度之間的交互關係。

跑步的生理機制與熊蜂飛行一樣複雜，但稍加訓練又渾然天成。區隔人類與近親動物的特徵很多，跑步是其一，甚至可能是最明確的差異。跑步這個行為經由祖先的步履刻在基因上，即便祖先已經成為來托利遺址和東非大裂谷裡面的火山灰化石。那兩處地點都挖掘到南方古猿奔跑留下的腳印，與五百萬年之後才誕生的智人足跡很難辨別。我們生來就是跑者，人類也因此在現存猩猩科[7]裡是獨一無二的存在。（尤其學者發現猿猴也會「製造工

7　譯按：也稱為「人科」，包括智人、已滅絕的人類、所有猩猩。

具」，很多動物都表現出「思考能力」，這兩者不再專屬於智人。）步伐化石記錄的不只是行為，也能間接推測體型。地面稍微積雪時，我比對過自己跑步和走路的痕跡，確實和早期人類留在薄層火山凝灰岩的凹痕相差無幾。古猿很可能就已經開始跑步（和行走），目前尚無證據指向他們跑步的方式和現代跑者有巨大差異。

考量到人類較怕冷、體毛又不發達，只有頭頂毛髮特別多，同時身體又能大量排汗，顯而易見我們源自溫熱氣候，而且天生擅長奔跑。一根頭髮就能封鎖天蛾排出運動廢熱的能力，若當初有什麼因素導致人類不流汗，恐怕我們這個物種會在非洲大草原這個演化搖籃中滅亡。

如此強大的排汗反應是很明顯的證據。溫熱環境不僅僅是人類一時的居所，還是整個物種的根據地，背後的簡單邏輯在於我們得喝水才能排汗，代表可靠的水源是存活的必要條件。與昆蟲的體溫調節機制做比較，水源需求會變得更加明顯。我只知道兩種昆蟲以蒸發方式排遣體熱，一種是西方蜜蜂

（*Apis mellifera*），一種是生活在沙漠的蟬（*Diceroprocta apache*）。

西方蜜蜂以採蜜為生，花蜜中九成為水分，要成為蜂蜜必須將水分蒸發。水分太多這個「麻煩」好解決，將之用於飛行時的冷卻即可。沙漠蟬的獨特口器可以鑿進當地樹木或灌木的韌皮部，等於透過樹根汲取地底蘊藏的水源。其他生物在沙漠無法取得水源達成熱平衡，但這一點對沙漠蟬不成問題。

整整七年產量頗豐的學術生涯，我的心思體力用在科學研究遠多於跑步。不過跑步與科學有點相似，都是一人獨行，適合個人主義。無論百米、一英里、十公里、一百公里，還是一百英里，每種比賽各具特殊魅力，共通之處是只論實力和成績。不難想見百米的關鍵在速度，而一百英里更重視耐力續航。考驗的項目與預期的結果都清清楚楚。

賽跑終究要回歸最公正的裁判：時間。碼錶決定排名，但每個人自己決定目標和方向，不投入就沒有收穫。小約翰．帕克（**John L. Parker, Jr.**）在小說《雨中的三分五十八秒》（***Once a Runner***）裡描述得非常精準，主角的傳奇學長丹頓對朋友說：「昆騰，你明白贏家和輸家的差別嗎？為什麼有人出頭，有人不行？橢圓形跑道不過四分之一英里長，什麼東西都藏不住，什麼手段都沒有用。別妄想造假或走後門，門兒都沒有。」

第八章 田徑場上的詩人，自然裡的跑者

那情緒太澎湃太張狂，誰也知道不會是人生的終點……幾個愛跑步的人相遇，激盪出難以言喻的魔力，一起逃離了時間，甚至生死的束縛。

某一年夏季，從緬因回到柏克萊以後，我在校園內的愛德華茲體育場的泰坦跑道[1]上結識了麥斯・密齊（Max Mische）。他高大粗獷、一頭長髮，渾身散發野性魅力。我們兩個邊緣人嬉皮都從東邊來，打從骨子裡就熱愛跑步。他離開了位在紐約市的原生家庭，我則是從緬因森林來到這裡。一九七〇年代愛情氾濫，廣播上總是能聽到吉姆・莫里森（Jim Morrison）唱著：「來吧寶貝，點燃我的慾火，一起讓這夜著火……」我們確實閃亮如火，不只因為跑步，還因為權力歸花兒運動[2]。我能算是其中一份子吧，但參與方式比較字面，與現實的花朵為伍，無論學校實驗室或夏天回去緬因州研究蜜蜂的田園裡，都是滿滿的花。

四十三年過後，麥斯與我重逢敘舊，一同回憶在柏克萊跑步的歲月。直到這時我才驚覺我們兩個人早就走在平行線上，而且從孩提時代就開始。原來他也出身難民家庭，二戰時從歐洲逃亡到美國。碰上種族清洗，他們被迫拋下如今歸屬斯洛維尼亞的故鄉奧特雷格村（Altlag，之前七百年由德國管

1 譯按：原文 tartan tracks。Tartan 是 3M 公司研發塑膠跑道材料時取的代號，字義為「蘇格蘭格子呢」（當時此產品線許多代號與蘇格蘭有關）。然而詞彙進入華語體育圈後採取音譯與諧音，成了「泰坦」。

2 譯按：當時美國風行的反文化運動，目標是消極抵抗和非暴力思想，主要參與族群為嬉皮，身穿繡花鮮豔衣著，頭上佩戴花飾，向市民發送鮮花，因而被稱為「花的孩子」。

轄）。那個村莊徹底覆滅，鳥獸散的村民頓失所依。密齊家族最初前往奧地利，麥斯誕生在那裡的難民營。一九五二年，他們家族到了布魯克林，也是麥斯認定的家園。他逐漸長大，就讀天主教小學，賽跑天賦在中學展現，獲選為田徑隊長。後來與我差不多時間有了探索世界之大的念頭，遠行至加州，於是我們有緣相逢。

二〇二〇年，麥斯寫信給我：

有件事情我回想起來歷歷在目，好像昨天才發生。那個下午你一手《科學人》、一手田徑釘鞋走進學校跑道。雜誌封面照片是好大一隻蜜蜂，那期專題是你的熊蜂研究。我想那或許就是你的起點，此後全心投入大自然，探索動物世界各種機制。在我看來，你對跑步的熱情、對自然界孜孜不倦的追尋，是兩股相輔相成的動力。

非正式但有特定主題的學術性團體常在校園研討室開會，非正式的跑者團體同樣會在學校跑道上集合，麥斯和我就是後者。通常大家會挑中午或下午一起跑，社團成員馬克・格魯比（Mark Gruby）年紀較大，曾有短跑選手和賽馬訓練師的經驗，自願肩負起導師和教練的角色。馬克對我們的跑步動作提出許多批評建議，除了如何擺手和抬腿，連拇指角度都逃不過他的法眼，力求所有人遵循運動科學並完善技巧，以此對抗他手裡那塊絕不出錯也絕無偏袒、決定最後成績的碼錶。跑者希望動作更流暢是為了速度，麥斯兩者兼具，體型很接近阿爾韋托・胡安托雷納（Alberto Juantorena）（這位選手外號恰好是「馬」）。古巴旋風阿爾韋托・胡安托雷納在一九七六年的奧運奪下四百公尺和八百公尺金牌，地位就如同三十年後的尤塞恩・博爾特（Usain Bolt）[3]。

因為跑起來太過癮，所以忘不掉

我很想追上麥斯和其他忠實又熱情的跑友們，私下不斷練習。當時麥斯

3 譯按：尤塞恩・博爾特被譽為地球上跑最快的人。

和我其實已經過了追求巔峰體能的階段，但練習的結果高出預期。一九七四年的跑步紀錄現在讀來令人欣慰，我們每天練習不同距離，在兩百二十碼、三百三十碼、四分之一英里、半英里之間交替，一組通常是三到五次，中間穿插兩英里慢跑。大家互相勉勵切磋，四百四十碼幾乎都能壓在一分鐘內。我在柏克萊大學以三秒之差打破自己的紀錄，最終成績是五十四秒。以這個距離而言，三秒就是很大進步。新紀錄帶來新想法：半英里是否有可能跑進兩分鐘內？我在那個距離的最好成績就算扣三秒也離兩分鐘遠得很，但越困難的挑戰越能激發鬥志。一九七四年十月二十九，我的半英里成績達到兩分零六秒，儘管尚未成功卻已經十分爽快。事後分析時留意到前四分之一英里才花了五十七秒，我意識到自己的步調錯誤。筆記上也寫著：「最後兩百二十碼太慢，下次前半段距離要六十秒，**不能更快！**」

得知我想在兩分鐘內跑半英里，夥伴們相信這夢想有機會實現。為了推我一把，他們居然安排特殊活動，由馬克主持，重點是找來了柏克萊大學半英里賽的明星跑者瑞克・布朗（**Rick Brown**）給我領跑[4]。以前比賽我從未這麼亢奮過，我還記得那天是星期六，早上場地淨空，大家就定位以後等馬克槍響。我按照計畫保留體力，跟在瑞克後面剛好一分鐘完成前半段距離，之後火力全開拔腿狂奔，最終以一分五十九點四穿越終點線。這秒數至今仍烙印在我腦海。

任務達成，是我最後也是最精彩的半英里比賽。夥伴都擅長短跑或中距離，只有我是長距離背景，速度突破到這地步意義非凡，尤其必須歸功於整個團隊的努力，感謝麥斯、馬克、瑞克、葛倫，以及其餘柏克萊田徑社團的好夥伴。

之後我花在田徑的時間少了，就算參加比賽也是節慶活動，例如柏克萊校內的感恩節火雞路跑，贏了沒獎杯沒紀錄，但能帶一隻火雞回家，與奇蒂及小女兒艾莉卡分享。偶爾我也參加開放式田徑大會，一開始什麼都有興趣，曾經想去擲標槍，最後卻總是選擇馬拉松，畢竟這是跑步生涯最合理的

4 譯按：領跑員（rabbit）功能之一是「配速」，以此處案例而言就是瑞克・布朗會以大約兩分鐘時間完成比賽，作者參考他的位置決定速度。

收尾。再過一年多，我離開加州和心愛的安沙波利哥、莫哈韋沙漠以及紅木森林，順從內心呼喚回到緬因州北方森林的懷抱。無論如何，加州的朋友和經歷永遠是我最珍貴的記憶。

麥斯有個外號是「田徑場上的詩人」，二〇一八年十月他又來信，將那些年身為跑者的心情寫得美極了：

這麼多年過去了，我和你一樣，總還惦記著加大的跑道。背著回憶向前邁步，心裡清楚屬於彼此的時光一去不復返……但縱使只是一九七〇年代幾個短暫寒暑，我們終將名字留在晴朗天空與加大跑道上。那情緒太澎湃太張狂，誰也知道不會是人生的終點。即便如此，幾個愛跑步的人相遇，激盪出難以言喻的魔力，一起逃離了時間，甚至生死的束縛。正因為跑起來太過癮，所以我們忘不掉。能夠體驗這種美好，永遠留存在心底，我們都受到祝福，是上天的寵兒。感恩那段「最甜美的黃金歲月」（這詞可是你以前說過的）。

別人很難體會我們從跑步中得到的喜悅。那段日子很棒，我們很幸運。得謝謝你那些年堅持不懈，沒讓心裡的火熄滅。你不僅永遠是摯友，也永遠是最棒的跑者。

不追求短跑競速之後，我轉向長距離訓練，離開柏克萊大學體育館，跑上草莓谷，沿著山脊穿過濃密的常綠闊葉林和灌木叢，再從雲杉街繞回體育館。每天中午這樣跑個一小時半是很好的休閒運動，回到實驗室再繼續研究大黃蜂的運動生理學和體溫調節機制。搭配夏天在緬因老家觀察野生蜜蜂的行為，我的新發現越來越多，研究成果最終化作《熊蜂經濟學》（*Bumblebee Economics*）一書，有幸兩度獲得科學類國家圖書獎以及《紐約時報》邀約撰寫社論。

因緣際會生物學家兼博物學家艾德華．威爾森（E. O. Wilson）邀請我前往哈佛大學比較動物學博物館一年，他留意到我每天在館門和清水池間來回跑，便私下透露他自己也曾經對跑步懷有夢想。兩人聊起各自的跑步經驗後，威爾森做出更大膽的提議，認為我有機會在馬拉松跑進兩小時三十分內。後來我之所以朝這個目標邁進，要歸功於他的激勵。

正式馬拉松賽程是二十六點二英里，數字上有點奇怪，但所有賽跑的距離都是歷史傳承難以撼動。說到馬拉松，我還會想到薩莫色雷斯的勝利女神（**Winged Victory of Samothrace**，也稱有翼奈姬，**Winged Nike**），原本是尊大理石雕像，但我姑姑在波蘭的墳墓上有個複製品。一九一八到一九年流感大流行，姑姑照顧生病的未婚夫，沒想到男方倖存反而她先倒下。祖母曾在巴黎求學，頗有藝術家性格，給姑姑的墓做了這番裝飾。原版雕像目前仍是羅浮宮的展示品，由公元前二世紀雕刻家所創作。公元前四九〇年的馬拉松戰役，雅典軍在溫泉關打敗波斯軍，士兵菲迪皮德斯（**Pheidippides**）由馬拉松平原一路跑回雅典，口中不斷高喊「奈姬！」（勝利）。據說報捷之後他就倒地身亡，不過也促成了一八九六年雅典奧運的第一次馬拉松賽跑，往後逐漸風靡全球。起初我不敢嘗試，後來鼓起勇氣，畢竟身為生物學家的好友都預測我有機會突破兩小時三十分鐘的門檻。再怎麼說，我也該試試看才對？

跑馬拉松辛苦但爽快、滿足而刺激。我第一次經驗是一九七五年三月二十三日在加州聖馬丁鎮（San Martin），夥伴是柏克萊大學的彼得．戴伊（Peter Day），我們一起在兩小時三十五分通過終點線。這次算是試水溫，兩人都認為節奏掌握得不錯，感覺下一次起頭能再快些。一個月以後我在波士頓馬拉松快了十五分鐘，四年半以後，一九七九年十月二十八日，我又參加了舊金山金門大橋馬拉松。

翌日《舊金山紀事報》（*San Francisco Chronicle*）的頭條是「無名小卒拿下馬拉松冠軍」，內文則說：「原本二十二歲的本地人彼得．迪馬利斯（Peter Demaris）領先一千一百位跑者，而且差距越拉越大。全程二十六點二英里，他跑完二十英里時還領先半英里之多。」接下來則是：

第二名是個前所未聞的三十九歲男性，只參加過兩次馬拉松，而且距今已經五年。他不但沒有跑過這次的路線，而且本次比賽的丘陵路段他遠遠落後迪馬利斯，逆風而行。終點線的播報員根據最後一個計時毯回報的消息，對觀眾宣布迪馬利斯遙遙領先，十分鐘後完成比賽。然而十分鐘後，播報員大叫：「來了！」觀眾高聲歡呼後，他卻說：「本次比賽冠軍是一三二九號，伯恩．韓瑞希！」

人與生物時鐘的對抗

那些都是四十多年前的事情了，現在我唯一的印象是，最後半分鐘在巷子過彎，接著兩邊都是人牆，除了終點線還有一個跑者在我前方。我覺得自己追得上，於是全力衝刺，從他旁邊以大概一兩呎差距超越。那週我為了比賽都練跑九十七英里了，最終成績兩小時二十九分十六秒我有點失望。不過我索性將比賽本身也視為一次訓練，隔天又跑了十一英里。一星期下來累計一百一十七英里，隔週更直接提升到一百四十三英里。

金門大橋馬拉松並非我真正的目標。我看中的是四個月以後在加州聖馬刁市（San Mateo）還有一次西谷馬拉松（West Valley Marathon），而且後來我的成績確實壓到兩小時二十二分三十五秒。如果再減少四十一秒，變成兩小時二十一分五十四秒，就有參加奧運的資格。然而恰巧是一九八〇年，包含美國在內許多國家抵制奧運。值得安慰的是，如此一來只要兩個月後，四月二十一日，我又有資格進軍波士頓馬拉松。正好是我四十歲生日的兩天後，所以我會變成「高齡」組，比賽性質與其說是跑者之間互相競爭，不如說是人與生物時鐘的對抗。

確定有資格參賽之後，我開心地比往年提早回到緬因州，花了一星期在農場設置六吋見方的箱子，裡頭鋪滿鬆軟材料吸引熊蜂蜂后前來築巢。我預期應該會有剛熬過冬天的蜂后帶花粉進來建造一個大大的蜂窩，生十幾個卵，像鳥那樣孵蛋，過程中身體用力顫抖，努力以飛行肌製造熱量、傳遞到光滑腹部再向外散發到蜂窩。這些現象我在柏克萊大學實驗室都曾觀察到，論文發表在英國期刊《自然》（*Nature*）。蜂后第一批後代是女兒（雄性只出生在秋季），稍後我給這些工蜂編號，以不同顏色標籤分辨，到夏天就可以個別追蹤。我是真的跟在蜜蜂屁股後面，記錄牠們當季往返不同開花植物間的路線。

距離參加波士頓馬拉松一年前，我在《科學》期刊發表了一篇論文，標題是〈保持冷靜：蜜蜂的溫度調節〉。比賽前一週，我在柏克萊大學比較生理學講座擔任講者，提到朋友傑克·富爾茲（**Jack Fultz**）於一九七六年在波士頓馬拉松獲勝。那是歷史上最熱的一天，富爾茲必須有所應對，而他的辦法我竟然同時在蜜蜂身上觀察到了。或許就是看到他的表現，我才開始積極研究這個現象。富爾茲能有優秀成績，部分原因是他跑步時拿水瓶澆額頭降溫；我發現蜜蜂若因為天氣等等原因而身體過熱時，也會朝頭頂淋水做冷卻以繼續飛行，當然牠們用的不是水瓶，而是胃部反芻出來的液體，那個空間原本儲藏花蜜與水要帶回蜂窩。

我很重視接下來的波士頓馬拉松。年屆四十，感覺來到高潮，只要這回毫無保留燃燒殆盡，就算是對得起自己的跑步生涯。自我打氣的時候，我腦袋裡回響著卡特·史蒂文斯〈苦藍〉的磅礴節奏與熱血歌詞。沒錯，我確實「跑了很長時間，彷彿幾世過去，最後一次給妳，我已用盡全力，請別狠心離去」。我都背下來了，打算比賽的時候在心裡高歌，肢體隨旋律與節拍釋放一波波能量。

選手集結在霍普金頓鎮（Hopkinton），前方不遠處傳來槍響，大家緩緩向前移動。看上去參賽者超過一千人，我也融入其中，腦海裡的音樂靜下來了，只記得自己超過很多選手，惡名昭彰的「心碎坡」[5]也感覺還好，我在那邊名次前進更多，但確實看到跑者癱倒在路旁，後來聽說那位是前波士頓馬拉松冠軍、參加奧運的世界級跑者。

他的狀況大概是脫水，又或者起步太快沒有以水降溫。那天也很悶熱，

5 譯按：許多馬拉松賽道有所謂「心碎坡」，指特別困難的上坡路段。波士頓馬拉松的心碎坡位於牛頓鎮四座丘陵的最後一座，長約六百公尺。由於是全程最後一個長距離上坡，且進入三十公里後的「撞牆期」，許多選手在此功虧一簣。

觀眾紛紛朝選手灑水，我鞋子裡都滑的。

男子組的優勝是比爾・羅傑斯（Bill Rodgers），成績兩小時十二分十一秒。他說這是最煎熬的一次比賽，曾經想過放棄，但還好沒有，最終獲得的滿足也是絕無僅有。第二名瀨古利彥，來自日本。至於我，以兩小時二十五分二十五秒成績在精英組勝出，獎盃大得誇張。其實我自己忘了這件事，但麥斯回憶柏克萊歲月時提到：「我記得很清楚！我們五、六個跑友到了位在胡桃溪畔的你家，那玩意兒放在客廳裡簡直是尊雕像。高度少說也有四呎，非常壯觀。」

後來我只留下獎盃底下的小銘板，上頭篆刻的文字道盡一切足矣。

第九章　追逐夢想

桑族人追獵大彎角羚，勾起我的無限想像。他們「身體儲藏強大能量，步伐大而自在，全心全意投入追逐，忘卻了疲憊」。

想要知道自己能夠跑多遠，只有放棄那一刻才能確定。四十歲的跑者會感受到生物時鐘「逆勢而行」，開始猶豫是否堅持下去，還是因為發揮不出實力索性停下來。跑出巔峰紀錄的艱辛血淚很多，卻都是為了拿名次所必須。單純想繼續跑、跑到人生最後一天反而沒什麼問題。上了年紀，見過自己極致表現的人，確實很難再創佳績。

我本以為自己的跑步生涯在四十年前，也就是第一次參加波士頓馬拉松時，就到了尾聲。然而以當時四十歲的年紀而言，我的表現還是不差，而且從最後兩場比賽的狀況來看，要是距離比馬拉松更遠，其實我的成績就能比「不差」還要好。所以我心底冒出一個細微的聲音，我越是傾聽越是清晰，很簡單的一句話——「去跑更長的比賽，試試看五十公里」。

那年夏天我轉往佛蒙特大學任教於生物學系，所以我們家從舊金山灣區搬到佛蒙特州伯靈頓市。除了冬天又可以越野滑雪，當地還有個跑步社團。我嘗試了路跑，然後計畫九月到伯瑞特波羅市參加五十公里比賽。不過到了比賽當天早上，我忽然動搖了，懷疑不值得。五十公里？真的要去？為什麼要去？不是已經在半英里短跑進入兩分鐘門檻，也在馬拉松拿過冠軍……我到底在追求什麼，始終不知足？天還沒亮我就起床，還得開很長一段路途的車，想得我腿都軟了。還好是奇蒂看不下去，直接將我踢下床，非常嚴肅地說：「不行！你一定得去。」好吧，去就去。也幸虧最後一刻回心轉意，整天下來收穫頗豐。

出乎意料的是，最後兩英里的賽程我超過很多人，以三小時零三分五十六秒拿下第三名。重點在於被我超越的並非都是些普通選手，其中一位是法蘭克・博贊尼奇（Frank Bozanich），當時美國一百公里超級馬拉松公開賽（不分年齡）的紀錄保持人。我在最後一小段路上贏過他，而且聽說他「整個夏天都在歐洲賽跑」，是這個領域最頂尖的人物。於是我的跑步生涯迎來新曙光——如果想刷新美國紀錄，至少理論上可行！

人類與動物比想像更接近

跑不贏別人，要幫自己開脫很容易，但面對既有意義又有可能的目標，連試都不試就說不過去了。而且生物時鐘滴答作響的聲音簡直能在我腦中聽見：「現在不去做，就來不及了。」四十歲生日已過，恐怕沒有下次機會，除非投胎重來。放手一搏，否則就後悔終老。我告訴自己：必須賭一把。目標是一年後的全美錦標賽，十月四日於芝加哥舉行。

教書與研究是全職，我能練跑的時間不多，但想參加如此長距離的競賽，每天一小時遠遠不夠。我堅持下去的唯一理由，是將這個目標當作人生最後的比賽，得有個漂亮的結束。唯有每個環節都做對了才能達到目標，因此我必須說服自己持續下去，每天至少十英里，若有餘力就二十英里、三十英里，持續至少兩個月。

想投入這樣多的時間練跑，唯一可能就是翌年夏季，屆時暫時不必授課，研究方面只要回去鄰近的緬因州就能繼續田野觀察。我尚未離開加州時已經先在緬因森林買下一塊地，位於丘陵高處的林中，還搭建好沒隔間的小屋，外面鋪上瀝青防水膜。雖然沒水沒電，不過我還是撿了一塊白漆斑駁的舊門板回來裝上，上面的門牌「Kamp Kaflunk」都沒拆。林子長滿雲杉、樅木、楓樹，周圍農地荒廢許久，滿是灌木與一枝黃。跑步能到的距離內有落葉松和黑杉圍繞的山巒，因此我已經好幾年都愛到這裡避暑，順便繼續熊蜂生態研究。以往住在父母的舊農場，後來買下山中小屋有了新據點，加上奇蒂與我分手回到加州，我再婚後與妻子瑪姬・愛普斯坦（Maggie Eppstein）商量，認為房子硬體還是得升級才適合現代生活。

雖然難以置信，我也不太好意思承認，但前一年為了參加五十公里馬拉松得凌晨起床、開老半天的路去伯瑞特波羅市，這麼痛苦的事情只因為伴侶一句話就逼自己做到了。然而為了參加芝加哥的一百公里比賽，每天辛苦練習持續好幾個月，這是另一種層次的挑戰，光靠自尊心辦不到，必須有超越個人層次的心理支撐。我回想小時候曾經在亞當斯農場看到麥片紙盒，外面印著泰德·威廉斯（Ted Williams）的照片。為什麼選他？基於什麼理由認為消費者看見他就會想吃這個產品？大概因為他是「偉大的棒球打擊手」[1]。雖然我不是棒球選手而是跑者，但既然打擊手能吸引大家吃麥片，一個厲害的跑者喜愛與保護自然，或許也會有人效法？我知道這種想法很自我中心也不理智，不要透露給別人知道比較好，否則再也沒辦法拿來激勵自己，所以原本打算藏在心底一輩子不提。我很幸運，那年夏天瑪姬願意和我一起過去簡陋小屋同住，還會帶著大鵰鴞「布波」、兩隻還沒長大的烏鴉，以及她的寵物黃毛貓「小兔」同行。因此我也不得不給房子升級改建為木屋，磨好斧頭就去砍了雲杉和冷杉。好久沒做木工，上回是少年時代自己躲進森林，還沒從欣克利中學畢業呢。

沒過幾天陡生劇變，乍看參賽無望——我滑倒了，不只扭到腿，還傷及一側膝蓋的半月板。事發當下我就明白自己的狀況，因為多年前另一邊膝蓋也出過同樣意外。學乖了的我立刻就醫，請求馬上動手術，表明自己希望秋

1 譯按：泰德·威廉斯獲得兩次美聯MVP，六次打擊王，兩次三冠王。

天能參加一百公里賽跑。手術醫師赫穆特・比特洛夫（**Helmut Bitterauf**）與我有交情，一天內安排好手術，所以半個月之後我又能繼續訓練。現在除了年紀，還有意外與手術紀錄對我不利，追逐夢想的路途更多阻礙。

芝加哥賽事採取二合一制度，跑者可以在五十公里處結束，也可以選擇繼續跑完一百公里。兩者我都有興趣，於是就穿過五十公里再跑向一百公里，成績六小時三十八分二十一秒。當下我尚未察覺這個數字的意義，因為無論訓練還是比賽，過程中我總在心中告訴自己：心無旁騖，切忌患得患失。最簡單的方法是專注在最重要的事情，每一步都發揮全部本領。事後我得知自己打破四項紀錄，分別是四十歲以上組五十公里的美國紀錄與世界紀錄，以及不分年齡一百公里的美國紀錄與世界紀錄。（這是三十九年前的事情，後來紀錄被馬克斯・金〔**Max King**〕改寫，比我快十分鐘三十七秒。）

可惜沒人來找我拍麥片廣告。跑完一百公里的時候記者全撤了，鎂光燈集中在幾位超級馬拉松明星選手身上，例如當時五十公里紀錄保持人巴尼·可雷柯（Barney Klecker），以及前來挑戰的人。前一晚記者會特別強調這場龍爭虎鬥，他們衝完五十公里就已經塵埃落定，當時我落後大前方非常多加上沒什麼名氣，當然沒人注意，更別提為我佇足。另一個因素是賽道漫長曲折，若非鎖定目標一路跟隨，實在難以掌握所有人位置。無論如何，這是我此生最滿足的比賽，證實了只要有心就能突破自我極限，或許人類與羚羊或其他動物比想像更接近，甚至能與螞蟻並駕齊驅。

烙印在演化上的驅力

我的好友，任教於瑞士蘇黎世大學的生理生態學家魯迪格·魏納（Rüdiger Wehner）教授，曾經將我的運動表現與非洲的長腳沙漠螞蟻（*Cataglyphis fortis*）做比較。其學名後半的拉丁語就指出這種動物跑步速度很快，牠們在酷熱沙漠中扮演掠食和食腐的角色。推敲起來，或許數百萬年前，甚至更久以前，長腳沙漠螞蟻的祖先與古代人類一樣靠撿屍為生。果真如此，標的應當並非遭到獵殺而是熱衰竭死亡的動物。牠們與人類一樣演化出強大的耐熱能力和速度，覓食範圍廣闊，找到熱死的昆蟲便快速搬回陰涼安全的地底巢穴。長腳沙漠螞蟻不會走，只會跑，跑步速度藉由獨特身體結構加快，特徵之一是比其他種類螞蟻都長的腿。

魏納博士以我的一百公里數據（每秒二點八步、步距一點五公尺）推論比賽時我在三百九十八分鐘裡跑了六萬六千七百步，與長腳沙漠螞蟻比對之後，他在信件中提到：「根據我們的紀錄，長腳沙漠螞蟻一趟來回（自地底巢穴出門覓食後再回家）的步伐數和你跑百里差不多，不過牠們動腿的頻率是每秒四十四步。」可見這種螞蟻和靈長類一樣天生擅長奔跑，連演化動力都差不多。

《卡拉哈里沙漠的失落世界》（*The Lost World of the Kalahari*）一書中，探險家勞倫斯・凡德普司特（Lourens van Der Post）以優美的文字描繪桑族人（曾被稱作「布希曼人」[2]）追獵大彎角羚，勾起我的無限想像。他們

2　譯按：布希曼人（Bushmen）即「叢林人」之意，但後來普遍認為貶意太重。

「身體儲藏強大能量，步伐大而自在，全心全意投入追逐，忘卻了疲憊」。作者與夥伴開著越野車跟隨桑族跑者，里程表顯示距離達到二十英里，而且「最後一哩是不顧後果地衝刺」。凡德普司特尤其著墨一位叫做Nxou的跑者，他鎖定羊群裡的一頭公羊，成功加以捕捉。作者的結論是：「我很肯定他們跑步的能耐，只有歷史上馬拉松戰役跑回雅典報捷的那位希臘人可以比擬。」無獨有偶，伊莉沙白・馬歇爾・湯瑪士（Elizabeth Marshall Thomas）在主題同為桑人的《古法：先民的故事》（*The Old Way: A Story of the First People*）中，同樣提到有個族人叫做「矮子 /Kwi」[3]，每年會有一兩次成功狩獵伊蘭羚羊。在桑人文化中，家庭會期待丈夫外出打獵，原因並不完全在於食物，因為他們只要等獅豹殺死動物後將其驅離，取得的蛋白質就已經非常充足。狩獵最主要也最即效的回饋在於心理層面，過程的刺激已經烙印在演化驅力上，獵人根本沒思考過報酬就直接行動。同樣的，大家對於賽跑也是本能感到興奮，就算勝利的獎賞是個沒用且占空間的獎盃也無妨。我在加州、在波士頓贏了比賽，都會與朋友分享喜悅。

3 譯按：此處斜線號是發音標記。

第十章　欺騙生物時鐘

人類無法違逆生物時鐘，於是視其為全民公敵，總想欺騙它，甚至關閉它。象徵意義上，我稍微替大家出了口氣……

我在芝加哥一百公里超馬的表現不僅成功對抗機械時鐘，也挑戰了幕後無形的生物時鐘。人類無法違逆生物時鐘，於是視其為全民公敵，總想欺騙它，甚至關閉它。象徵意義上，我稍微替大家出了口氣，而且也不是不可能再實現一遭。但我對自己發誓要全心投入學術研究，然後寫本書談談比賽經歷。即便如此，後來我還是萌生一個狂野的念頭：超馬還有另一種賽制，也就是一百英里。

與一百公里賽程相比又多出四十英里。很長的距離，但我應該還跑得完，不如挑戰看看美國公開賽不限年齡的一百英里紀錄？我認為可行的原因是：一百公里比賽中，就我的平均步調和最後衝刺來分析，只要再放慢速度就能應付更長的距離，成績可以持平，甚至更亮眼。

既然覺得辦得到，何不試試看？懶惰可不是藉口。一鼓作氣之下，四年後，一九八六年三月，《跑步時光》（*Running Times*）雜誌封面刊登我的照片，斗大文字讀起來非常不真實，「四十五歲超高速：伯恩・韓瑞希打破四種距離的美國紀錄」。此外，德國《時代週報》（*Die Zeit*）和《明鏡週刊》（*Der Spiegel*）也做了相關報導。而這個新的起點，始於布朗斯維克鎮地區性跑步社團，「緬因亂跑團」（Maine Rowdies）。

緬因亂跑團很特別，有自成一格的文化。他們借用鮑登學院（Bowdoin College）四百米跑道進行連續四十八小時的比賽，聞所未聞也並非標準賽制的距離，但這群人對自己的瘋狂引以為傲，而且剛好適合我的計畫。於是我詢問帶頭的比爾．蓋頓（Bill Gayton），他本身是波特蘭市南緬因大學的心理學教授。「哈囉，方便我利用你們為期兩天的活動，挑戰一百英里的美國紀錄嗎？預計半天內跑完。」主辦方原本就要計算各選手的圈數與時間，所以成績能得到官方認證。得知此事，亂跑團氣氛更加瘋狂，答應的理由大概是：說不定這個人真能跑完一百英里並打破美國紀錄。

沒有後退的理由

活動當天清晨，鮑登學院的跑道上籠罩一層薄霧。氣象預報戳中超馬跑者的痛處，上看攝氏三十二度。高溫是跑步的頭號敵人。

「感覺如何？」妹夫查爾斯・瑟沃（Charles F. Sewall）答應擔任我的助手，當天早上八點三十分我們已經到了場地附近的麥當勞做好準備。目標是一百英里，我得儲備能量，他問話時我剛吃完第二份法式吐司，開始喝第二杯咖啡，慣例是加奶不加糖，我不是很習慣早上跑步，所以靠咖啡啟動新陳代謝。再半小時就要開跑，太陽很大，看來熱浪會持續下去。高溫很危險，首先會加速身體的水分散失，更糟糕則是血液本該運送養分到肌肉，但在身體發熱時會流向皮膚。我既失望又憂慮，刻苦訓練是否會付諸流水？

此行目的是改寫紀錄，我也覺得自己做好萬全準備要認真拚一回，但想成功打破一百英里紀錄不能有任何環節出差錯，眼前情況顯然並不完美。怎麼辦呢？回家去嗎？怎麼可能！我已經投入太多身心資源了。緊接著我靈機一動：入夜以後，氣溫就會涼爽許多。假如我採用另一種標準賽制，也就是二十四小時賽，就只有一半時間受到氣溫牽制。白天放慢腳步，晚間仍有一半時間可以彌補差距。二十四小時比賽也是超馬的黃金標準，我可以嘗試改寫這個領域的紀錄。成功機率依舊不高，但比起原本計畫好一些，索性臨場更動配置，挑戰目標從一百英里變成二十四小時。

「太好了，」我說：「開始吧！」

最後一刻改弦易轍，賽程從預期的半天延長到一晝夜，這個轉換不容易。但反過來說，事前各種準備訓練同樣辛苦，前一週有兩天要消耗碳水化合物，所以我空腹跑到力竭；隨後兩天又要大量補充碳水化合物（以前這是標準做法，現在已經被認為無意義），還要將最後一次排便拿捏在比賽開始前不久。以前我從未有過連續跑一天一夜的念頭，不過決定來得又快又急，沒花太多工夫猶豫躊躇。時間一到，大約二十個選手排在跑道上，裁判高聲道：「各就各位……預備……跑！」

開跑以後進行順利，我的狀態不錯。時間很快過去。

長達二十四小時的賽程，有時我會腦袋放空，回想愉悅事物，讓肢體自發動作。偶爾我也得試著對自己的身體這臺「機器」做些精密調整，才能將自動駕駛模式執行得好。關鍵在於明確感受每個動作，對韻律的掌握充分才得以控制精準。以髖部為例，邁步那側的髖關節會在腳掌觸地時微微前移，同側手臂反方向揮動保持平衡。

以往右腿前進與後退時，我不會特別留意右手臂和右髖的位置。但自我監控幾十步以後，我培養出肢體相對位置的概念，能夠有意識地調控。調校完畢，姿勢對了，邁步也變得順暢些，我的腦子又放鬆進入自動模式，再抽空矯正另一側，最後神奇地在比賽中學會如何同時監測左右半身動作，四肢運作起來有種隨心所欲、行雲流水的爽快，而且效率極高。於是我又可以繼續做白日夢了……一圈接著一圈跑下去。同為跑者的好友丹尼爾·佛格特

（F. Daniel Vogt）下午過來探望，那時候我跑了九十英里。他帶來一杯溫咖啡，正好給我換換口味。我自己準備的都是嬰幼兒食品，經過查理時如果有胃口才拿一點吃。

一轉眼就天黑了，四周靜得很詭異。查理撐不住，倒在跑道邊的位置上睡著了，有幾圈沒理我是否需要食物飲水。夜色深沉，我並非時時刻刻火力全開，偶爾放鬆、闔上眼睛打盹幾秒鐘，當然只能在直線部分這樣做，轉彎處一不小心就會跑出界線。心裡渴望日出，後來聽見的烏鴉啼叫彷彿報喜，是我一輩子難忘的天籟。東方天空泛起魚肚白，再幾個鐘頭就結束了！

日出之後天氣清朗，很快又悶熱起來。部分參賽者受不了改用走的，甚至有人開始小睡、一個人被送醫診治。我繼續嘗試半睡半跑，同樣利用直線路段閉目養神，結果看到旁邊有選手直接戴上黑眼罩。他本人未必曉得，但同樣的策略可以在鳥類和海豚身上觀察到——那些動物可以半邊大腦休息，另外半邊繼續活動，所以鳥類能夠長時間飛行渡海，海豚則是不間斷地游泳。對我而言，比賽終點就是昨天起跑時刻，一秒不差。到這時候已經能確定我跑得比別人都快，主辦單位也持續記錄里程，所以跑道兩旁議論紛紛，認為我將改寫美國的二十四小時馬拉松紀錄。興奮情緒水漲船高，我自己都受到感染。場外計算後告知：成功有望，但「你得稍微再快一點」。聽了以後我滿腦子都是：天吶，天吶，絕對要拚。就在眼前了，很可能就差那幾步，理論上只要多一碼就算破紀錄。觀眾也想見證光榮時刻，情緒說不定比我還熱切。我能明白那種心態，在場眾人都是跑者，精神與我同在，所以我也不想讓大家失望。他們很明白此時此刻我的身心是什麼狀態。我為這次機會投入太多，沒法不看重得失，就算只差那一碼，總之就沒破紀錄，所有苦功都白費。但也正因如此，挑戰才有了意義。我反覆告訴自己：撐下去，再一圈，專心跑。別有雜念，其他都不重要。認真跑就對了。

我再次意識到的時候剩下大約半小時。雖然即將結束，氣溫也再度飆到攝氏三十二度。我口乾舌燥，比爾・蓋頓張羅了大水桶放在跑道邊，大家每隔幾圈就把頭放進去泡一泡，所以馬上就臭了。有人遞來一杯清水，我大口吞下。昨晚跑了九十英里先離開的達倫．比靈斯（Darren Billings）衝過來跟我說：「很接近。」他沒講明接近什麼，結束時間？還是紀錄成績？但我心領神會，就是得再快點。

意識到比賽就要結束，我挖掘到埋藏在身體深處從未開發的能量，開始計算體力消耗與時間流逝的比例。前五十哩路都採用每哩八分鐘的節奏，最後四哩路我提升到每哩七分鐘十二秒，甚至在衝刺中短暫逼近一分鐘七哩的高速。裁判該扣扳機鳴槍了吧，馬上就會聽見才對……

最後我像遭到槍擊那樣倒下，整個人癱在跑道上，躺著不動等人拿粉筆劃線，將最後一碼納入距離計算。我被抬到看臺下陰涼處，渾身貼上冰袋，這時候我劇烈顫抖，看得旁人心驚膽戰。主辦方代表蓋頓立刻叫來救護車，嗚笛聲刺耳。我知道自己被放上擔架，再回過神就已經身處波特蘭醫院舒適的病床上，手臂連接著點滴。原本就我一個人，後來有位神父入內，站在病床邊開口想說些什麼，卻看見我臉上掛著微笑。其實都好了，我根本沒事。補充水分、臥床休養當然有幫助，我彷彿重新活過來，但原本就只是稍微脫水中暑。躺在陰影底下假寐幾分鐘再餵杯水，大概五分鐘就會好轉。

我的身體想釋放累積的廢熱，代謝狀況也不差，問題在於最後幾哩路我都沒停下來補充水分。聽見砰的槍聲之後，體內製造的熱和體外太陽的熱導致身體機能暫停，然而此時身體又被裹著冰。體溫即刻下降了，但也因此大腦的溫度調節機制反轉，原先加強末梢血液流動促進排熱，轉而激發劇烈顫抖使身體發熱。在醫院病床醒來時我精神很好，所有痠痛消失了，沒有什麼疲憊倦怠的感受，好像那一整天從未存在、硬生生被刪除。

連著好幾個月，我腦袋裡的目標設定為打破一百英里紀錄，沒想到實際執行起來完全是另一回事。四十三歲的身體重寫美國不分組公開賽二十四小時馬拉松紀錄，成績為一百五十六英里又一千三百八十八碼；隔了很久我才得知自己同時以十八小時三十分鐘十秒刷新美國兩百公里紀錄。《超跑》

（*Ultra Running*）雜誌上，跑步紀錄專家史坦．瓦岡（Stan Wagon）將之敘述為「極其出色」，並推舉為一九八三年「男子成績巔峰」，但是引起一點爭議，後來才得以澄清——我最後幾哩的速度太過前無古人，審查成績的裁判團認為沒有外力協助不可能做到。

沒料到的是因為這次比賽，尤其因為達倫．比靈斯也有參加，我得以有機會挑戰一百英里的美國公開賽紀錄，同時還在昆蟲體溫這個研究主題上大有斬獲。我沒有後退的理由。

溫度生理學

溫度生理學之於動物運動非常重要，耐力方面更是明顯。之前我在柏克萊大學研究天蛾，後來目標轉向佛蒙特州與緬因州冬季出沒的夜蛾。與天蛾相較，這些夜蛾的體型極小，因此一定有快速的被動散熱機制，卻同時能保障牠們在寒冷天候中活動。這種生活模式或許也是基於演化策略，有助於避開鳥類天敵，代價是體溫較低會限制飛行能力，好比人類赤身裸體在極地躲避北極熊。

前面提過，達倫是緬因亂跑團的成員，鮑登學院那場活動就是他們主辦。他也是美國陸軍的實驗室技師，工作地點在麻州納迪克市，負責設計與測試各種天候環境下的軍服，極地氣候當然包括在內。軍方的工具包括熱像儀攝影機，可以辨識熱量並以不同顏色顯示，所以能看出不同種類衣物在極地環境的熱能散失程度。我研究昆蟲生理學過程中有個推論：冬季時夜蛾一定有什麼特殊機制可以避免熱量自肢體流失，最重要的就是頭部與腹部。但我最精細的「溫度計」（熱電偶）還是太大，不適用於那麼微小的生物，探針本身就會吸收太多能量導致樣本體溫下降。而熱像儀不必接觸樣本就能以視覺呈現溫度差異，是取得研究數據的關鍵。

無論在二十四小時賽程還是陸軍研究實驗室，達倫都是我的好夥伴。熱像儀設備那種東西我買不起，但他有權取用。既然熱像儀能夠精準辨識人體什麼部位流失多少熱量，我認為應該也能運用在飛蛾才對。於是達倫幫忙協調，只要我去他們那邊的跑步機跑一跑，提供人體生理學實驗數據，就將器材出借給我。這交易很划得來，我樂意之至。

以儀器拍攝冬季夜蛾，成像上紅藍色塊準確標示不同溫度，正是我最需要的資料。之後我便在《科學》期刊上發表論文，當期封面的彩色圖片是飛蛾體表如皮草大衣的結構。這份研究擴大以後，我又投稿到《實驗生物學期刊》，也得到《科學人》專題報導。至於達倫從我跑步取得的數據，同樣寫成了論文，刊載在《超跑》雜誌。

轉捩點來了：基於我在實驗室跑步機上的表現，達倫判斷我應該可以挑戰當時的美國一百英里紀錄，過程中的數據還能幫他測試研究假設，可說是雙贏。他主動表態要載我前往加拿大安大略省渥太華市，斯里·錢莫（Sri Chinmoy）國際跑步俱樂部在當地舉辦二十四小時田徑賽。就我個人立場，當然已經沒動機再跑一次二十四小時，但這是挑戰美國一百英里公開賽紀錄的好時機，達倫和我都認為有機會。

所以我怎能拒絕？主動送上門的好運當然得緊緊把握。於是我以四十四歲高齡之身前往蒙特婁，接著很好命地以十二小時二十七分零二秒的成績刷新美國不分組公開賽的一百英里紀錄，很接近事前達倫的預測。我對過程的記憶不多，只知道自己沒停過也沒用走的，跑道是四分之一英里，第二次穿越某人身旁時他唱起了〈蒂珀雷里在遠方〉：「蒂珀雷里在遠方，隔山跨海路漫長。」我猜他誤會了，以為我也要參加二十四小時賽程，怕我衝太快體力不支。其他部分我印象不深，但我停在一百英里時，有位光頭男子堆著微笑過來道賀，後來我才得知他居然就是斯里・錢莫本人，他是國際知名的靈性導師與和平使者，理念之一是透過跑步追求超越，格言有「跑出新自我」、「在新自我中成就」以及「大膽積極，持久熱情，一切都有可能」。

跑完過了幾分鐘，我坐在午後的看臺放鬆，望向還在二十四小時賽程奮鬥的選手，雖然當下不曉得，但很快得知方才那位先生是素食者，而我手上卻拿著多汁肉排狼吞虎嚥。東西是賽後達倫貼心送上的，亂跑團的慶功宴常常這樣吃。我想起以前的經驗，有一次整場比賽都靠啤酒補充能量，還有一次則是都吃巧克力冰淇淋，感覺各有利弊，取決於比賽條件。相關文獻我從來沒讀到過，就決定自己研究看看。冰淇淋幫我得勝和破紀錄，啤酒曾導致我差一點沒跑完比賽。但需要多次實驗才能作為證據，而且我懷疑天氣悶熱時啤酒會比冰淇淋更有助益。至於肉排其實並非能量供給，而是修補肌肉損傷。我也留意到長程比賽時身上會有尿騷味，因為蛋白質分解後產生的氮經由汗水排出。既然比賽期間沒有攝取蛋白質，代表身體可能主動以儲存的蛋白質作為燃料。

一年後，反正年紀到了，我改參加四十五歲以上的高齡組。場地回到布朗史維克，又是一次緬因亂跑團主辦的活動。我挑戰四十五歲以上組別的五十公里與五十英里，意外之喜是順便破了美國不分組一百公里紀錄，成績為七小時又十二秒。

第十一章　通往斯巴達的路

憑藉天分可以成為好的跑者，克服危機則需要執著與堅持，甚至是些許的自我膨脹。最重要的是：我為自己而跑，不為別人的看法。

一九八五年之前我打破多項不分齡公開賽的超級馬拉松紀錄，尼克·馬歇爾（Nick Marshall）在《超跑》雜誌年刊中，描述我為「本世代美國最強的超級馬拉松跑者」。很高的榮譽，但並非我最初跑步的動機。畢竟我身上還有佛蒙特大學生物教授這個頭銜，得付出很多時間心力給學生，加上當時我正在研究渡鴉的社會關係。

最初的研究樣本取自野外，後來則在緬因森林住處搭建了巨大的鳥舍。鳥舍成本不高，因為我有幸找來數百位志工幫忙，大家當作派對活動合力完成。馬歇爾列出那年十位值得關注的超馬跑者，卻指出「最令人期待的伯恩·韓瑞希交出了空白考卷」。這話或許沒錯，當然我也不是都閒著，大半時間在森林裡搬運動物遺體，下雪的日子躲在樅樹底下一坐就是幾個鐘頭，偶爾得爬上雲杉頂端擴大視野追蹤鳥兒動向。然而，從雅典跑向斯巴達、長度兩百四十五公里（一百五十二英里）的斯巴達超級馬拉松，是一場難得的盛會，我不僅獲邀參賽，還機酒全包，怎麼看都是一輩子只有一次的機會，不容錯過。

我去了一趟東非進行蜣螂體溫生理學研究。在此二十六年前，我在當地以霧網捕捉鳥類，自投羅網的象糞巨蜣螂令我印象十分深刻。為了觀察這些身體厚實、接近鳥類大小的昆蟲，我自己也得混進象群等牠們大便，同時還要小心獅子來襲。在那種環境裡，跑步的人類太顯眼。研究告一段落，二月回到佛蒙特，從二月到四月，我每週平均練跑二十到三十英里並慢慢增加，五月下旬練跑距離已經在四十到七十五英里之間。接著我去了阿拉斯加州烏特恰維克市（Utqiagvik，以前稱作巴羅市）進行為期一週的熊蜂觀察，看看牠們如何適應高緯度極地氣候。我的棲身處是位於海岸的研究站，外頭有北極熊出沒無法跑步，但出乎意料我還是參加了一個很特別的比賽，賽程短短一英里。聽起來莫名其妙，對手更令人難以置信，竟然是法蘭克・博贊尼奇本人。當初就是因為他，我才興起對抗生物時鐘打破美國百里紀錄的想法，但後來就沒再聽說他的行蹤了。

那是一個小小的因努特人[1]村落，位於阿拉斯加北端，直接面對北極海海岸。我出門時就混在因努特人裡，法蘭克則在那兒當警察，不知道是有人通風報信還是偶然巧遇，總之兩人見到面開心極了。在伯瑞特波羅那次的五十公里美國錦標賽，是我成為超馬跑者的契機，後來五年間我們兩人沒聯絡，結果在這種意想不到的地點重逢。他把握機會向我提出一英里挑戰，規模滾雪球般擴大，一群本地因努特人也參戰了。時間一到，大家在北極海海灘上就定位，開跑之後法蘭克一馬當先衝在前頭，整場都沒有落後。

從阿拉斯加回到緬因州，除了觀察渡鴉，我也開始練跑。手札筆記裡有一天的標題是「初跑」（The First Run），距離雖短卻值得大書特書：

直到六月二十一日都很清閒。前一個月每週累積四十到七十五英里，甚至有兩次連跑十八英里，表現也不算太差。但我仍在摸索：二十四小時跑一百五十六點八英里的那個人是否依舊存在？自己都覺得過去的成績既榮耀又沉重，不知哪種感覺多些。

1　譯按：因努特人就血緣是愛斯基摩人的一支，但實際上愛斯基摩人是北美原住民使用的蔑稱（「吃生肉的人」），因此他們並不喜歡。

這週回復訓練，週日跑十四英里，週二跑十五英里，今天早上跑二十一英里。清晨八點鐘，外頭飄起微微細雨，見真章的時候到了，該去韋伯湖畔跑二十英里試試寶刀是否未老。然而才跑十英里我就感覺不對勁，經過迦太基披薩店的時間落後最佳紀錄十六分鐘之多，接著每況愈下無力回天，一步比一步虛弱，頭暈目眩而且很難抬腿。下一個分段點是十五英里，可是距離還遠，連一半都沒跑完，我卻瘋狂需要食物——低血糖了。不過飢餓感只是一小部分，身體真正吶喊的是跑不動，要靠大腦或者理性才能說服自己：「想繼續抬腿跑的話，先找東西填飽肚子！」無可奈何之下，我去最近的農家敲門，向出來的婦女懇求：「請問可以給我一點餅乾或麵包之類嗎？」她拿了一塊白麵包給我說：「家裡沒餅乾呢。」我囫圇吞棗吃了有點軟爛的麵包，體力慢慢起來，跑了一陣子卻又停在維德雜貨店，跟店員傑瑞賒帳買了兩瓶果汁、一條星河牌巧克力棒、一根香蕉，因為很快我又精神萎靡欲振乏力。吃了點心，感覺好轉，最後一哩路上山丘回到小屋，我累得鞋子沒脫就趴在床上昏過去。

第一天就這麼慘，二十英里跑了三小時零三分。

我能夠每週兩次這樣跑，持續四個月（目標是九月二十七日的希臘行）嗎？誰能保證我在比賽當天是最佳狀態，不會落得一場空？感覺爬聖母峰說不定還簡單輕鬆些。

為自己而跑，不為別人的看法

回到佛蒙特以後，七月累積跑了一百七十三哩，八月更到達四百八十五哩，前往希臘前一週還跑了一百三十哩，我感覺自己準備充足。落地雅典，隔天就是斯巴達超馬，我先去和之前一起比賽的跑友「老K」雷伊‧克羅勒維茲（Ray Krolewicz）見面，他從南卡羅萊納州哥倫比亞市飛來，翌日也要參賽。聊到一半，老K說：「伯恩，這場你應該能贏！」聽了這句話我反而緊張，自己對自己有期望是一回事，別人加諸的期望可就不同。我先找了附近四百米場地跑了幾圈，為隔日早晨暖暖身。

天色未亮我們就出門準備比賽，眼前感覺就是隨處可見的城市夜景。我在手札留下這麼一段話：

選手在日出之前摸黑前往雅典近郊集合，等待巴士轉運至市中心的奧林匹克體育場。空氣凝滯，運動員之間偶爾才傳出一兩句不同國家的語言。來到這裡就躋身世界頂尖，對於能成為代表美國的寥寥數人，我十分光榮、深深感動，彷彿一場美夢。作為奧運起點的古老體育館以往都只在照片上看見，再過一小時多終於能親眼見識，而且它不再只是一座古蹟，還會是我們兩百五十公里賽程的起點。

斯巴達超級馬拉松同樣可追溯到菲迪皮德斯的傳奇。古時候像他那樣的人被稱作 *hemorodromus*，意思是「鎮日奔跑的人」，負責在多山的希臘土地上長途跋涉傳遞消息。希羅多德（Herodotus）提到菲迪皮德斯是其中佼佼者，所有信使都「年輕力壯，剛長大成人，才生出一點鬍鬚」。換言之，與高中時跑越野的我很像：年少、氣盛。

菲迪皮德斯在破曉時分離開雅典，路途得翻過高山再下丘陵，才到得了斯巴達，總距離大約一百五十五英里。學者推測他可能用了四十一或四十二小時，而現代專業長程跑者，如一九八三年完賽的十五位選手，則都跑進三十六小時。同樣距離的路程，即便像我跑二十四小時那樣都是平坦地面，許多人還是未必跑得完。斯巴達馬拉松的路線裡將近四千英尺的崎嶇山地是極大的障礙，因此常有人說它是世界最難的超級馬拉松。多數參賽者只求能在三十六小時的時限內完賽。但對我而言，只是跑完還不夠，重點是能不能拿第一。

巴士駕駛在早晨的車流中自在穿梭，大概只有希臘司機有這能耐（或膽量）。其實背景是哪座城市也不重要，外頭暮光籠罩，即將甦醒的街頭逐漸嘈雜，但選手們安安靜靜，沉浸在自己的夢想、願望、恐懼裡，氣氛正是暴風雨前的寧靜。車子急剎發出尖嚎，所有人聞聲抬頭瞬間清醒，視線穿過尚未褪盡的夜色，一大片大理石階梯後方聳立著石造建築的輪廓。奧林匹克體育館就在不遠處，卻帶來一種反高潮的感受。過不了幾分鐘，鞋帶是否綁緊反而比較重要，一丁點失算都會賠掉整場比賽。

參賽者檢查細節深怕疏漏，記者們不停糾纏現場唯二的女性選手，男性則有三位歐洲人較受青睞。除了雷伊我誰也不認識，只能判斷國籍並利用姓氏來辨認。結果雷伊又說了一次：「伯恩，這是為你量身打造的比賽。你是最大的黑馬，一定能贏。」頭一次（也是最後一次）有人對我說這樣的話。

雷伊當然是好意，我們根本不想彼此競爭，真正的對手是距離與時間。「必須贏」的心態只會增添焦慮，我盡量放下也放鬆。拔得頭籌脫穎而出需要的是信心，相信自己做足了訓練，掌握最大化勝算的技巧與工具，再來就是將剛毅、堅韌、單純的心理動力化為實質行動。縱使跑到一半覺得辛苦或被人超越，我必須相信自己實力更勝對方，否則就無法激發潛能後來居上。

憑藉天分可以成為好的跑者，克服危機則需要執著與堅持，甚至是些許的自我膨脹。最重要的是：我為自己而跑，不為別人的看法。其實這一點或許才是核心。然而也必須注意：自信過度可能會抹煞努力。努力的比重應該更高，尤其賽前幾個月的訓練與比賽剛開始的謹慎都是必要工夫。訓練無論是否足夠已經回不了頭，只有眼前漫長的路途像隻怪獸對著我們張牙舞爪。

十英里過去了，還跑在一起的幾個人樣子很放鬆，還能欣賞路旁的美女、朝鳴喇叭問好的卡車司機揮手、對路人的掌聲投以感激微笑，至此腳步還輕盈，有種能夠一直跑下去的錯覺。步調慢得令人不耐，可是真正該考慮的是：我是否保留足夠的體力？雖然平常我都一個人跑，但今天與大家相伴也很愉快。又經過高速公路、可口可樂看板、尤加利樹，還看到牆壁上有些口號與塗鴉，赤色噴漆勾勒出錘子與鐮刀[2]。接著身旁只剩一位匈牙利選手，我們直直望著路線繼續跑，雖然渾身發燙仍不忘變換隊形，輪流跑在前方幫另一人抵禦迎面襲來的風。

2 譯按：共產主義的標誌。

起初跑起來不費力，也不會特別察覺自己的腳步。後來肢體動作進入意識，橡膠鞋底踩在地面噠、噠、噠聲聲入耳，無盡的單調節奏伴隨我們度過一個又一個鐘頭。開跑大概五小時，隊伍脫離雅典市郊很長距離，道路貼著破碎海岸線蜿蜒伸展，兩側的常綠闊葉灌木林使我想起加州，說是舊金山北一公路也不覺得突兀。風勢強勁，空氣乾燥，陽光開始熾烈灼人。方才提到的匈牙利選手叫做爾諾·基什基拉伊（**Ernő Kis-Király**），非常傑出的超馬跑者。我們一方面像是有默契的組合，另一方面卻也可以說是他推著我前進。我想稍微保留精力，他就轉頭並放慢腳步，以聳肩攤手的動作詢問我能不能繼續。居然我也要被別人關心跑不跑得動？儘管心一橫便追上去，但他方才那模樣確實令我質疑起自己：或許並不是我想甩就能甩開他？究竟是我變弱了，還是這山丘太陡？匈牙利選手的教練駕車靠近，探頭大叫了幾句指示，爾諾·基什基拉伊聳聳肩，腳下卻微微加速，幸好我還跟得上。

思緒隨著這段路的節奏飄回到卡特·史蒂文斯的歌詞：「走過無數盛

夏，掠過美夢如雲，穿過斑斕陽光。」[3]的確，就像一場又一場美夢，我沉迷其中無法自拔，與身旁的夥伴建立情誼。爾諾．基什基拉伊又伸手比劃，示意我領先的人數，我笑著演默劇拉繩子，意思是很快就能逮到，他看了以後大鬍子底下跟著浮現笑意。進入開闊路段，兩個選手出現在前面，沒多久就被我們超越。爾諾．基什基拉伊彷彿上了油的精密機器，纖長雙腿擺動起來充滿韻律感，卻不見厚實胸膛起伏得太過明顯。他黑色亂髮隨風飄揚，目光堅毅卓絕，或許和我一樣正想像菲迪皮德斯奔跑時心中所思，雅典人民殷殷盼望，決定命運的戰報就繫在那雙腿上。

又過幾個彎，追上了丹恩．摩根斯．費爾德（Dane Mogens Feld）。他跑過六十二場馬拉松，最佳成績兩小時十六分。打從開頭評估時，我就沒視他為潛在對手，果不其然一起跑了幾哩以後他漸漸落後並自視野消失——普通馬拉松跑者的正常發揮，先前許多位選手也是如此，我認為爾諾．基什基拉伊也不會撐太久。距離來到五十哩，只剩下南斯拉夫的杜尚．姆拉夫列

3　譯按：即之前作者提及的 Bitterblue 一曲的另一段歌詞。

（Dusan Mravlje）在我們前面。

想贏的衝動與痛苦會蒙蔽判斷

感覺跑了很久，但我驚覺原來距離才一點點，而且跟上匈牙利人有些費勁。是他為了追上第一名太過急躁嗎？於是我目送他離去，順著斯巴達超馬的標誌獨自深入內陸。礫石小路行經果園，成熟葡萄結實纍纍，瘦削老農夫乘驢車漫步，中間幾座小鎮總有孩童成群，一看到如我這種跑者就衝出來迎接。他們或跑步或騎單車跟在旁邊，大叫問說：「美國人？美國人？」還有人塞紙條過來，上頭寫著「我們愛你」。最後有個孩子陪我跑了一小段之後遞了紅玫瑰過來，我拿著前進好幾哩路，原本捨不得隨手丟掉，但忽然想起後頭山區高達四千英呎，還是必須忍痛放下。

片刻後我追到爾諾．基什基拉伊後頭，幾乎能嗅到他的氣味。我猜姆拉夫列大概也就在彎道後頭。重返柏油路繞上丘陵，四處生著古老橄欖林，我的腿隱隱約約變得沉重。「是山坡路的關係吧？」我說服自己打起精神，但回頭望向底下居然遠遠看到一個跑者。我開始覺得奇怪，印象中自己領先不只一小段距離才對。又轉了個彎，那人顯得更靠近。再拐彎以後他竟到了身旁，是很受矚目的英國選手派崔克．麥可（Patrick Macke），踏著短促流暢的步伐輕而易舉超前，瞥都沒瞥我一眼。掉到第四名，我心中出現少有的情緒：恐慌！原來體內那股凝滯並非上坡加速造成，而是真的跑不動。麥可從開始就非常穩健，不受其他跑者節奏影響。

微乎其微的小毛病壓抑太久也會爆發為惡疾，先前強迫自己擠出多餘速度的距離太長，時候到了就得付出代價。兩條腿沒辦法說抬就抬，而且失去了食慾，彷彿身體光是為了挪腿就用盡所有力氣。我知道該停下來休息進食，但想贏的衝動與痛苦蒙蔽判斷，無法接受步行、更不甘願掉到比第四還後面，滿心以為再撐一下別人也會支持不住，大家不都用力過猛才對嗎？何況還有很多意外，抽筋、扭到、起水泡，甚至撞到牆。

過了八十英里，我開始調整期待：先跑到下個支援站、翻越下個山頭、拐過下個轉角就好。即使如此，又有兩個陌生選手出現在我背後。從前比賽我從沒被這麼輕易追上，一向是我超越別人，而且過去就過去了不會再碰面。卡特．史蒂文斯的歌詞又在腦袋迴盪：「來來又回回，不知多少年，停在同一點。」之前跑步的畫面閃過腦海，我想起緬因亂跑團那場二十四小時的比賽，前面七十五英里那麼輕鬆，有時候閉上眼睛都能打盹了，最後六英里卻是人生中最大的痛苦，絕對不會想再體驗。那時候我心思凝聚在孩子的笑臉、深愛的森林、親友的支持，然後拔腿快跑，很勉強地熬過去。之後整個人癱倒，一步也動不了，在醫院待了整天。此時此刻也一樣，我不是不能壓抑痛覺，問題在於前面不是只有六英里，而是至少七十英里。

我的腿僵了，非常僵硬。上坡或下坡都無法改變事實。一點點動作都需要全神貫注才能做到。尚多明尼克．卡爾貝拉、阿爾馮斯．艾佛茲、雷伊・克羅勒維茲、盧恩・拉爾森，甚至丹恩・摩根斯・費爾德這些人恐怕很快會追上來，我感覺得到他們正在接近。這種情緒喚起我過去的夢魘，夢境中自己被某種鬼怪追殺，兩條腿卻彷彿泡在冰冷泥漿裡不聽使喚。每跨出一步我都在心中自問：來這裡想達成什麼，為什麼非得要做到？

夜幕低垂，夜風清冷，身體卻沒有足夠熱量能燃燒保暖。頭髮濕了又乾，變成一大片黏糊糊的毛氈。汗水蒸發只剩鹽分，在眉毛與無力的臂膀上凝結為白色紋理。我用走的上山，感覺重力太強，連頭也抬不起來。結果發現爾諾・基什基拉伊已經退出比賽，麥可則還在幾哩前方繼續奮鬥。

我意識到自己並無所求，沒跑完也不至於負了誰。儘管事前刻苦訓練，但剩下的賽程可不短，大概還有一百英里。而且成績不重要，重要的是搶在所有人前面，偏偏這理由太空洞。補給站進入眼簾，桌上擺滿食物，我看了卻都提不起胃口，身體唯一的渴望就是讓腿歇歇。不知道是對自己還是對別人說，我開了口：「感覺跑不完。」工作人員淡淡答道：「要退賽的話，就摘掉號碼牌。」原來這麼簡單，只要交出號碼牌，然後坐下休息？我深呼吸一口氣，「好。」到此為止。

第十二章　通過演化考驗的狩獵者

動物的行為模式是天擇結果，刻印在DNA上。人類則相反，只要時間不拉得太遙遠，我們知道自己在做什麼、為什麼而做，不會完全受到基因限制。

約日時鐘幫助生物在適合的時間保持活力。植物根據節律在最容易授粉的時間開花，蜜蜂也根據節律在花季外出採集花蜜與花粉。動物睡眠與甦醒的時間呼應日升日落，而極端劇烈的奔跑需要許許多多，甚至可以說是絕大多數生理系統彼此合作，沒辦法一瞬間就火力全開——每個功能按照時間順序啟動，才能達到完整全面的協調運行。

以斯巴達超級馬拉松為例，歐洲跑者稍有優勢，因為美國選手前一天才到，身體尚未適應六小時時差。然而時差無法解釋我和雷伊・克羅勒維茲的差距：他跑過數不清的比賽，有些我做夢都沒資格參加，可是以前一起跑的時候他很少追得上我，沒想到這一場他正常完賽我卻辦不到。換個角度來思考，當時我已經四十五歲半，或許受到約年時鐘箝制，生理機能開始踩剎車。問題是我在六十英里就跑不動，明明之前不僅跑過約一百五十七英里（幾乎等同斯巴達超馬）的路線，還能在突破一百英里之後飆速到七分鐘一英里。而這些不過是斯巴達超馬開賽前一個月又三天的事。難道說，一個月時間太短，我的生理系統有些部分超載，尚未完全回復？又或者，不給人體足夠時間重建修補，它真的會耗損？如果透過消化道攝入的燃料太少，是否會導致肌肉「燃燒自我」來運動，冒出的焦煙就是我曾在身上嗅到的尿騷味？還是說我在斯巴達超馬的前期速度過快，沒能完整啟動某個關鍵步驟？理論上而言，無論先快後慢還是先慢後快，正常比賽消耗的總能量應該不變，那我怎麼會那麼早就體力不支、四肢疲軟？將觀察對象從人類轉向其他動物，可能找得到端倪。

雪橇犬如哈士奇和阿拉斯加馬拉穆是很好的例子。即使與同樣為了生存習於奔跑的動物相比，牠們每磅體重燃燒的熱量仍舊較高。若參加距離一千一百五十英里、為期數日的艾迪塔羅德狗拉雪橇比賽（Iditarod Trail Sled Dog Race），狗兒們可以一次跑十四個鐘頭，並且在幾輪過後表現得更加神勇，似乎奔跑一段時間以後能為新陳代謝「啟動開關」。牠們如何在賽程中漸進增強奔跑能力目前還是個謎，不過科學家研究一種灰樹蛙（*Hyla versicolor*）後有了新發現，或許能夠解釋超強耐力這個生理學現象。

演化形成的生理限制

樹蛙本就是生理生態學上的經典，牠們可以做好準備讓自己結冰過冬，而到夏天卻至少能在公蛙身上觀察到截然不同的行為模式：透過劇烈運動吸引異性交配。這個運動是一陣陣大叫，而且節奏會改變。公蛙棲息處通常臨近許多競爭者，牠們藉由鳴叫吸引雌性，雖然身體那麼小，音量卻媲美人類。樹蛙發聲時將形似氣球的喉袋先膨脹後緊縮，肌肉擠壓出的強力氣流穿過並振動聲帶，音量越大能求偶的範圍也越大，繼承自己特徵與天賦的後代也會更多。

天擇的影響下，這些大嘴巴青蛙受到活動時能量消耗的限制，著眼點並非每次單一的蛙鳴，而是長時間不斷發聲。以樹蛙而言，每小時可達到一千四百次，而且持續整夜。求偶只在夜間進行，因為雌蛙棲息於樹皮，有接近完美的隱蔽效果，白晝時為求安全不會輕易離開。雄蛙夜鳴運用到很多肌肉，類同人類跑馬拉松或更激烈的運動，在外溫脊椎動物的所有活動中耗費能量最巨大。

大量雄蛙競爭配偶，夜間鳴叫次數最多者勝出。基於這種現象，生物學家悉奧鐸・泰根（Theodore L. Taigen）和坎伍德・威爾斯（Kentwood D. Wells）在實驗室內觀察樹蛙消耗氧氣的速度以推測蛙鳴的能量成本，結果發現參與大合唱的每隻樹蛙，在晚上八點半前後鳴叫速度約每小時六百次，但會逐步上升，到了九點鐘高達每小時一千四百次。樹蛙全身的乳酸量（乳酸是運動的副產品，堆積過多會妨礙運動，需要補充足夠氧氣才能排出）本該隨著運動量增加，但持續鳴叫、頻率提升之後，乳酸量反而變成原本的一半。漸進式加速是為了適應激烈運動，牠們配合代謝機制的運作強度調整鳴叫頻率，即使乳酸累積越來越快，身體還是能夠加以清除。同樣做法可以運用於跑步，人類運動生理學家大衛・科斯提爾（David Costill）在《長程跑步的科學方法》（*A Scientific Approach to Distance Running*）一書中，以圖表說明其中道理：人類跑步時的攝氧量也得在運動好一陣子以後才能達到最大值。

樹蛙鳴叫時原地不動，但每次叫聲好比我們跑出的步伐，要達成最高次數（最多次鳴叫、最多次邁步）的條件是避免乳酸堆積，方法就是節奏慢到身體能承受。開始時步調放慢，後面才能有更多運動量。我將這個原理寫成〈樹蛙帶來的啟示〉投稿到《超跑》雜誌。然而跑步這件事還有更深入的層面可探討，譬如演化之所以形成生理限制，是因為對生存與繁衍有益。

以樹蛙為例，交配過程中的運動是雄蛙負責。雖然雌蛙夜間也變得活躍，但主要只是在尋找雄蛙，能量消耗相比鳴叫並不大。不過雄性提供精子卻能讓多個雌性受精，而雌蛙攜卵時身體笨重且彷彿買彩券般每季僅一次機會，許多物種更是一輩子只生殖一次，因此雌性理所當然比較慎重，傾向尋找選擇最多的地點。對樹蛙而言，選擇最多的地方就是鳴叫聲最大的地方。一旦雌蛙集合，別處的雄蛙被迫前去競爭，結果形成大合唱，又增加了當地的蛙鳴音量。會這麼做的，並非只有樹蛙。

某年夏天，我在森林裡看見好幾百、或許好幾千隻同物種的小動物聚集在一起，盛況宛如波士頓馬拉松。奇妙的是，牠們並非處在同一水平面，而是垂直排列。舞虻科與人類一樣，天生就是掠食者，牠們之所以群集展示自身的力量、敏捷、堅韌，也是為了求偶。雌虻傾向選擇擅於飛行，或至少能夠長時間飛行的雄虻，因為這是成功狩獵的前提。無法成功狩獵很難繁衍後代，繁衍後代則是演化背後的動力。牠們與人類的差別就在於追蹤獵物靠的是翅膀還是腿。

或許有人會覺得以舞虻說明很奇怪，但昆蟲承受強大演化壓力的時間，比起人類多出幾億年。換個角度看，既然就演化而言人類如此落後，觀察昆蟲或許就能得知自己的未來，至少我從牠們單純卻高效率的活動中得到了這個啟示。倘若我不能跑，就希望自己能飛，光是看牠們飛都覺得有趣，虻如其名彷彿在空中翩翩起舞。

舞虻看似無意義的上下「舞蹈」當然有其作用，如同樹蛙合唱般的地點被稱作「求偶場」，雄性集中在同一處等待，雌性到來後進行比較並選出對象，判斷標準通常奠基於健康狀態與活力強弱。飛行耐力本身就很重要，單是長時間停留在空中就已經能為雄性增加交配機會。不過漫長演化也賦予雌虻新的能力，牠們會根據雄虻飛舞的姿態進一步篩選更健康、更有體力的目標。

雄虻經過演化壓力也有了改變，單純出現在求偶場展示耐力還不夠，需要使出新花招才能吸引雌虻，於是將獵食行為融入舞蹈：舞虻科部分物種的雄虻會將獵物遺體帶去現場，除了靠自己也靠食物吸引雌性接近。這個求偶技巧流行之後大家仿效，天擇之下，雌虻只與帶來禮物的雄性交配；隨時間演進後，重點慢慢轉移到食物本身作為賣點。部分雄虻又從中發現新機會並加以利用，昆蟲學家艾德華・凱塞爾（Edward L. Kessel）在研究報告中指出，舞虻科的 *Hilara maura* 再次有了行為轉變，雄虻會分泌白絲包裹食物，視覺上便顯得體積更大，就算找小一點的獵物也無妨。演化繼續進行，牠們提供的食物越來越虛有其表，到最後索性只製造閃亮吸睛的包裝，裡面完全沒吃的。

若以人類比喻，就像花花公子拿出盒裝巧克力想博得女方青睞，盒子越來越華麗，內容物卻漸漸變少，甚至根本沒東西。類似狀況我在雜貨店也發現了，很多食物包裝變漂亮，買回家打開之後才知道有三分之一到一半是空氣。藉由以小搏大的策略，飛行速度快的雄虻會勝出，飛行耐力強或許也比貢獻大型食物更有優勢。

動物的行為模式是天擇結果

人類乍看並不朝這種路線演化，但或許只是乍看。某天我開了一盒零食，外包裝顯示裡頭裝滿色彩鮮豔的梅子，結果實際上裡面卻空著一半，讓人看著就心驚。這可不是方便攜帶的設計，就只是以視覺誤導消費者。相比之下，採用透明方形塑膠盒的藍莓直接展示實物，看了讓人食指大動，豈料開了以後莓果下方竟然也是空的，盒子底部有塊隆起將果實撐到頂端。雖說並非生殖擇偶，人類卻早已習慣透過裝飾和上色等手法改變事物原貌。

跑步也不例外，商業化程度越來越高，製鞋工業持續提供獎勵，或許是高額獎金，又或許是其他增進性吸引力及求偶條件的獎品。（特此聲明：我個人未有機會靠跑步獲得金錢或能轉換為金錢的東西，然而我很支持跑者獲得鼓勵。若當年有廠商提供，我會很樂意接受。）

值得留意的是：有因就有果，物質獎勵容易產生意料之外的影響。舞虻科有個例子，美國物種長尾舞虻（*Rhamphomyia longicauda*）發展到後來顛覆了原本的兩性關係，因為該物種雄虻提供的食物太豪華，雌虻為了得到那份彩禮反而得先彼此競爭。於是乎雄虻有了選擇權，傾向選擇最擅於展示自我的對象，雌虻腹部便演化出粉紅色膨脹囊袋[1]。同樣因為關係逆轉，雌虻

1 譯按：雌虻後來也發展出欺騙策略：求偶前吸入大量空氣使囊袋鼓起，並以有細毛的足部裹住囊袋進一步製造視覺效果。

聚集之後雄虻才過來挑對象，與其他舞虻科正好相反。

當然上述過程中，沒有任何一隻蛙或虻真正理解何謂策略與演變。動物的行為模式是天擇結果，刻印在DNA上。人類則相反，只要時間不拉得太遙遠，我們知道自己在做什麼、為什麼而做，不會完全受到基因限制。話雖如此，人類終究繼承了先祖留下的行為模式與生理特徵，仍會無意間受到本能引導和干預。這又可以從跑步談起了，但並非將跑步視為覓食手段，而是演化史上的擇偶條件。

奔跑對兩性都有好處，利於收集食物和躲避猛獸。數百萬年前非洲開闊大平原上，人類雖然扮演狩獵者，但殺傷力並不那麼強，很可能得以大型貓科及犬科動物吃剩的食物為主。還在演化搖籃中的祖先望向天空，如現代一樣常能看到禿鷲，牠們盤旋之後就會降落在被猛獸殺死的動物遺體周邊。日正當中，大型猛獸會躲在陰影下休息，遺體周邊出現威脅較少的短暫空檔，人類仰仗自身優秀的排汗能力、加上有禿鷹作為路標，就能獲得足夠食物。

在此種環境下，越耐熱、越能在高溫下奔跑，就越有可能填飽自己和後代的肚子，於是排汗反應成為天擇篩選的標準，不過先決條件是水源。

人類與其他許多動物（撇除很多鳥類）的差異之一，是幼兒不僅無力自保，體型還相對巨大，而且我們沒有濃密體毛供孩童抓攫，所以帶著子女移動並不輕鬆。於是成人得找地點安置孩童，母親還得留在家中照顧，因此女性需要配偶提供食物，展示出自己有能力和意願提供食物和住處的男性自然較具吸引力。這個現象一路延續到近代歷史，例如部落裡男性必須證明自己是個好獵人才有結婚資格，還得拿出巨羚、藪羚或其他大型動物的部分遺骸作為證據，後來演變為請女方吃飯或展示車、房、存款等支撐家庭的憑據。只能說江山易改本性難移，史前史後人類骨子裡都是同種生物——通過演化考驗的狩獵者。

第十三章　會賽跑的毛毛蟲、會運動的蛹

天蛾每秒振翅五十到一百次，人類下肢擺動每秒才大概四次。我們根本沒有足夠的有氧能力可以模仿那種動作，問題在於昆蟲為什麼能做到？

燈蛾幼蟲渾身是毛[1]，身子一拱一拱穿越道路，速度挺快的，令我好奇若與別種幼蟲一起跑，牠會拿第幾名。時間是一九九四年九月，後來幾天我真的找了幾隻不同幼蟲比賽，還把結果也寫進手札裡。十三個物種、三十六隻毛毛蟲，用我的碼錶計時，為了保持公平全都放在有蔭蔽的平整地面，溫度控制在攝氏二十一度。但很快我心思如往常飄到其他更要緊的事情上，一晃眼過了二十五年，直到最近在閣樓正好翻到筆記本，才赫然想起自己辦過蟲蟲大賽。

不同動物的奔跑速度差異極大，而且與雙足運動模式關係密切，我在《和羚羊賽跑》（*Racing the Antelope*）一書探討過。結論是，一般而言，腿的數量其實是越少越好，至少雙足動物的跑速放在四足動物界會名列前茅，不遜於牠們的冠軍叉角羚。普遍來看，動物的腿越多（部分節肢動物如蜈蚣和馬陸分別有五十到兩百條腿）就移動越慢，不僅是絕對距離，也反映在以體長為單位的測量上。腿多似乎是比較原始低等的狀態，因為演化會朝速度

1 譯按：中文將鱗翅目幼蟲統稱毛蟲或毛毛蟲，但其中許多並無體毛。

更快、機動性更強的方向發展，於是縮減腿的數量。某些蟑螂如美洲家蠊（*Periplaneta americana*）跑起來很快，但認真跑的時候（可用光線照射迫使牠們迅速躲進暗處）其實只用兩條腿，另外兩對閒置派不上用場。還有雙冠蜥平常四腳行走，若有必要也採用雙足運動，速度快到能夠水上飄[2]，於是有了「耶穌蜥蜴」這個外號。毛毛蟲就不同了，牠們不用腿奔跑。其實幼蟲跟成蟲一樣都是三雙腿[3]，但不僅體積小，還集中在身體前側，用於抓取與挪動食物。毛毛蟲前進靠的不是幾條腿，而是全身如波浪般的收縮和伸展。

我舉辦的大賽上，毛毛蟲放下以後不大自動自發，我只好等牠們自願爬行再記錄距離與時間，最後將數據轉換為統一格式。速度差距頗大，一隻舟蛾（*Nerice bidentata*）幼蟲每分鐘只爬五點八公分，一隻大虎蛾（*Arctia caja*）幼蟲卻達到每分鐘兩百五十九公分。我真正的興趣倒不在於速度，而是物種之間的差異：怎麼有的那麼慢、有的那麼快，相去超過四十倍？

整理資料以後，我在毛毛蟲的快慢中找到規律：以四散於地面的花草為

2 譯按：除了腿部發達和速度快，也因為雙冠蜥後腿有疏水鱗片這個特殊構造，高速將腳踏入水中會形成氣泡產生浮力。

3 譯按：其餘是所謂「偽足」。

食的毛蟲，移動速度快。若擬態為樹葉或融入葉片背景者，則天性不好動，就算動了也是如冰川般緩慢。至於速度中等者，平時棲息與進食都在樹幹或樹枝，但會在臨近的幾個地點之間來回躲藏。既然覓食習慣決定移動速度，代表某些動物幾乎不動也有其優勢。獵食者想要接近遠方的食物，被獵者想要逃命，兩者都需要速度。

可是部分毛毛蟲之所以不移動，是基於自衛。移動會吸引注意，牠們的天敵鳥類視覺特別敏銳。為了降低傷亡，毛毛蟲在演化過程中至少開發了兩個策略。容易成為鳥類食物的毛毛蟲外表具有高度偽裝，通常都躲著，即使移動也極其緩慢，並且只在夜間往返藏身處與覓食處。此類型的例子是裳蛾幼蟲，牠們會趁夜晚到樹冠進食，白晝則潛伏在樹皮上或樹皮的裂縫內，對人類而言幾乎隱形。另外一類如燈蛾幼蟲，雖然移動快速但是體表生有硬毛或尖刺，造成多數獵食者認定不好吃而主動迴避，於是牠們能夠行走在光天化日之下。

飛蛾或蜜蜂轉眼就能舞翅升空

分析昆蟲的演化分歧，可以理解天敵環伺時被獵食的動物承受何種演化壓力，而且牠們在這種條件下生存繁衍遠比哺乳類久得多。其中一部分靠外表掩護原地不動；與其正好相反者，說不定是人類的「老祖宗」，直接跑進原野到處採集食物。我小時候最喜歡的步行蟲就是這種行為模式。停留在波札那奧卡萬哥三角洲時，有天晚上帳篷外有隻特別大的*Anthia*屬步行蟲跑過，速度之快彷彿飄浮於沙地。這種蟲平常叫做「劍齒步甲」[4]，不僅生了一對銳利的顎，還擁有化學武器：牠們能噴射甲酸[5]達三十公分遠，剝奪對手的視覺。劍齒步甲外殼漆黑但反光時有白色線條，不難想見是刻意演化得如此醒目，也因此很少被迫自衛——別的動物很瞭解牠們多厲害。導遊識破我想捉那隻大步甲的心思，開口強烈勸阻我。總而言之，從毛毛蟲到甲蟲、一部分蜥蜴與鳥類，再到包含人的哺乳類動物，各種生物奔跑快慢都是天擇影響身體結構的結果，好比格雷伊獵犬跑得快，而臘腸狗跑得慢也不令人意

4　譯按：步行（甲）蟲常簡稱為「步甲」。

5　譯按：即蟻酸。

外。雪橇犬耐力遠勝別種狗，主因是牠們對跑步有熱情，一跑起來就有精神。換言之，奔跑能力在天擇中由很多層面組合而成，儘管分析人類時我們多半著眼於最大攝氧量，而攝氧量會隨年齡或者在激烈運動後急遽下降。

雖然以前常測量飛蛾和熊蜂的氧氣消耗和新陳代謝，我卻沒思考過昆蟲與有氧運動的關聯。昆蟲和鳥類都一樣，若帶著外物飛行，消耗能量會陡然上升，若靠外力減輕體重則會輕鬆許多（透過懸吊使牠們不必出力也能浮在空中）。為了將沉重的體力負荷壓到最低，一個演化方向是增加翅膀大小並善用滑翔來減少振翅頻率。即使如此，牠們的翼肌最小收縮率（也就是振翅頻率）仍舊遠大於人類腿肌跑步時最高步數表現。舉例而言，天蛾每秒振翅五十到一百次，人類下肢擺動每秒才大概四次。我們根本沒有足夠的有氧能力可以模仿那種動作，問題在於昆蟲又為什麼能做到？是牠們的肌肉有生理學上獨到之處值得研究？更詭異的是：人類需要大量訓練才有那種速度，飛蛾或蜜蜂從蛹或繭裡出來時明明狀態接近木乃伊，卻轉眼就能舞翅升空、肌肉每秒收縮超過百次，為什麼？難道牠們的肌肉與人類不同，完全不需要訓練？以前我認為這些問題只會流於理論，有什麼辦法能確認呢？

顯而易見，飛蛾破蛹離繭之後不可能短短一個鐘頭就訓練好飛行肌。為預防掠食者偷襲，毛毛蟲化蛹前會先吐絲緊緊包覆自己，蛹外沒有附屬物、繭內沒有空隙，而這個自縛階段有可能持續近一年，成蟲會在適合的時間出來並張開雙翅。翅膀起初柔軟且可膨脹，昆蟲大腦隨即分泌激素促使翅膀硬化，接著就能飛行了，整個過程不到一小時。

我大概十歲就開始抓毛毛蟲，還會養到牠們長大。但在二〇二〇春季之前，我未曾對牠們瞬間獲得的超級有氧體能起過疑心。著手撰寫本書時，我書桌旁的窗臺上正好有個月神蛾[6]的活蛹，前身是二〇一九年夏季捕捉到的毛毛蟲。

夏末時，毛毛蟲吐絲結繭。預計隔年才破的繭被我放在鐵網籠內，安置於戶外度過秋冬兩季。四月下旬，我將繭帶進小屋內，想看看氣溫提高會不

6　譯按：臺灣慣稱「長尾水青蛾」。

會影響牠的約日與約年節律，刺激生長提早化為成蟲。平時我並不怎麼注意，畢竟正常來說得等牠卸下堅硬蛹殼破繭而出，過好幾個鐘頭才會看見那雙淺綠大翅膀。不過五月十九日，差不多也是牠野外同類要成蟲高飛的時候了，我聽見繭的方向傳來微弱窸窣聲，僅僅一兩秒。定睛一看，蟲蛹唯一能動的腹部正在磨擦乾薄如紙的繭。同樣的聲音隔天我再次聽見。

活著的蟲蛹內部通常是一團黏糊液體，但眼前這個不同，裡頭幾乎就是隻成年飛蛾，牠正準備掙脫甲殼素蛹皮和牢固的絲繭。我的思緒正好走到運動與長壽之於人類之外的動物有何種關係，聽見聲響立刻閃過靈感：或許蛹態的蛾正為了飛行做鍛練？倘若如此，實際起飛的前幾天應該需要反覆進行，儘管牠升空以後不久就會死去。

我開始關注和記錄蟲蛹狀態，翌日守在附近十六小時，聽見十五次相同磨擦聲，牠每次扭動依舊只有一兩秒。第二天觀察十五小時，聽見二十三次聲響。第三天成蛾破繭而出，是雄性，但由於室內溫度略高於室外，生物時鐘脫節了，牠找不到可交配的雌性。即便如此，這隻月神蛾異常愛飛，似乎還認為能找到配偶，卻又受到約日節律制約所以只在夜裡飛舞。屋外還沒長樹葉，也沒看到牠的同類，儘管月神蛾無法明白為何而飛，但其成年生涯（大約三天）幾乎都在半空中度過。

從蛾蛹階段的練習到後來實際飛舞，月神蛾令我想起高中越野校隊的經驗。那年紀的我們覺得跑步再自然不過，既不知道也不特別思考原因和方法。跑就對了，幹嘛要理由呢。雖然有教練從旁引導，真正推動我們的是本能欲望，至於得到什麼獎賞、造就什麼命運，無關緊要也無從得知，留待將來人生再揭曉便是。

第十四章　從追逐賽演變為耐力賽

「對動物應有不同的觀念，更睿智，或許更神祕……牠們並非人類的手足，也不遜於我們。動物自成一格，雙方在生命與時間的網裡碰撞，同囚在世界的光彩與苦難之中。」

人類會留意到生物時鐘，通常是外表或體內出現變化，但實際上心智也會受到影響。意識不斷前進到下個階段，留在過去的成為記憶，我們常常訝異於昔日種種，不解當時的自己怎能辦到。像我這把年紀又是不同境界了，年輕時完全無法想像的境界，簡直是另一個宇宙。

回顧這輩子，我最初沉迷在蒐集飛蟲甲蟲、狩獵採集等等，每個生命形態與物種對我來說都彷彿興奮劑，刺激大腦分泌快樂物質。其實那份熱情未曾完全熄滅，而且在我三十歲階段融入科學研究，帶來的快感更大。或許是因為能夠與同樣在乎的人分享成果。歷經漫長旅途後，挖掘我們從未意識到的真相，這種巨大的滿足感所有人都能夠理解，譬如飛蛾能調控比人類更高的體溫，但生理結構全然不同；或者毛毛蟲看似浪費食物，實則刻意留下軌跡誤導天敵。發現渡鴉具備分享食物的互惠觀念，而且有證據證明牠們不完全受到本能限制，還能學習和思考，對我而言真的是天大驚喜。但在探索自然之前，還有甫成年的過渡階段，特徵是獨立自主於是必須自力更生，卻又常常橫衝直撞沒有章法，最強烈的心理動力只是想要自由、尋找嶄新且不同的天地。

人類的生物時鐘早期，對自由的追求會轉化為各種藉口和理由。回顧過去時我們總會很訝異：那麼薄弱的邏輯都能說服自己，可見內心的渴望多麼強烈。年紀越小，越不在乎目標合適與否，甚至單憑想像就能捏造目標，後果如何誰在乎呢，不重要！所謂後果就是不確定的未來，無需奠基於事實，以願望來自圓其說已然足夠。

這種主觀與客觀的落差，有個親身經歷我印象深刻：我十四歲，即將就讀欣克利中學前，第一次與菲爾．波特去獵鹿，地點在禿頭山，距離我現在住處才一英里。那天的計畫是朝西走個幾英里，出森林之後就能找到他們建造的瀝青防水小屋，或者說是「營地」。林子裡有很多鹿腳印與雄鹿角刮痕，獵物已經在我想像中成形，隨時可能露面。於是就在前方，一叢灌木對面，我看見站著不動的鹿，便興奮地指著對菲爾說：「那邊！那棵大楓樹旁邊！看到沒有？」他說沒看到，後來直接取下步槍，開了保險遞給我：「你射！」我盯著褐色毛皮與犄角，確定瞄準了才扣下扳機。砰！「打中了嗎？」他問得急切，但沒聽見動物倒落的聲音。「再開一槍！」結果沒變。後來我們靠近才發覺真相，那邊只是一叢乾枯的蕨類植物加上幾根細枝，但在我旺盛的想像力之中組合成鹿的模樣。未成熟的心靈會自己創造事物，慾望太過強烈就陷入其中無可自拔，非要走上好大一圈冤枉路才出得來。

年少輕狂的世界裡，理想與現實總有差距。三年以後，我又體驗那麼一遭，所幸運氣真的很好，結果大致正面（對我自己而言）。不過起因是一連串意外，事前完全沒料到。同一片森林裡，我不只找到鹿腳印，還在結了槲果的山毛櫸上發現熊爪痕，所以一直想再去看看。心中有個模模糊糊的計畫，坦白說根本是異想天開，但我打算在樹林裡蓋木屋，獵鹿、獵熊、馴服烏鴉作伴。十七歲的我真以為可行，尤其當時在欣克利中學有種窒息感，覺得不逃走不行。

於是我找來兩個同年又同樣多愁善感的夥伴邁入森林生活。初春夜裡三個人溜出去，各自攜帶至少能支撐一兩天的食物，實際上除了躲進樹林，我們別的細節都沒考慮過。為了避開州警必須摸黑前進，成功到達第一站是我家農場，計畫是趁母親去上班的空檔拿走點二二步槍（父親那時候在渥太華工作）。儘管走了這麼遠，最後卻功虧一簣，首先因為我們偷喝母親存放的紅酒，還自以為周全補清水進去讓分量乍看沒減少；再來是我居然酒後興起要試槍。下場是兩個夥伴被送回學校乖乖待著，我身為逃學主謀被處分休學一年，作為「懲罰」讓我搬回農場住，高二去當地公立的威爾頓中學（Wilton Academy）上課。

事實上我夢想成真，我從沒那麼高興過，總算能夠自由自在養蜂賞鳥。老家天上很多丘鷸，牠們飛過田園落在水邊捉魚。我一邊望著鳥兒身姿，一邊盤算秋天進山獵鹿的行程。

放下心中激情是老化過程的必然？

非洲桑人獵羚羊，西緬因（其實東西南北都一樣）森林手癢的一般人如我則獵白尾鹿。但我們不像桑人那樣逼到動物筋疲力盡，而是仰賴視覺、聽覺，若有積雪就沿足跡搜索，必須時時刻刻帶著高火力步槍，在一望無際的樹海中穿梭好幾天。

當年緬因州鄉村地帶的少年之間有個不成文卻人人默認的成年儀式：自己獵到一頭鹿。通常由長輩、多半是父親帶男孩進入當事人中意的林子，幫忙找到留在樹苗不久的犄角刮痕、樅樹下的足跡、新落葉堆上的蹄印，藉由這些線索燃起晚輩心中狩獵的火。年輕人陶醉其中鬥志昂揚，進入森林發現遠處閃過一抹白，緊接著又聽見細枝碎裂，甚至在地上找到新鮮的腳印。

鄰居菲爾・波特除了僱用我打雜，也會好心教我一些技藝。他說我原本那把點二二步槍對付兔子和「小鳥」（指松雞）沒問題，但對上野鹿效果不彰，於是拿出他那把溫徹斯特點三零三十槓桿式步槍借給我。既然我長大了，他就讓我自己去。一九五七年秋天，我還是威爾頓中學學生，可是每天早上上學前、放學後都跑去農場外頭的森林打獵，很多次找到痕跡卻沒見到鹿。直到某天清晨，隔著一整片落葉松，我忽然從縫隙間看見了，對面站著一頭鹿。我的心臟砰砰跳，將步槍架在肩頭。

因為太興奮，現在對於過程細節反而印象很朦朧，只知道我完全是憑本能行動，一槍接著一槍連射。然後就看到鹿倒地！這簡直是一輩子一次的人生大事，感覺就像昨天剛發生。我急急忙忙到學校吆喝，立刻有兩個同學巴迪・約克和布魯斯・理查茲自願幫忙，上完課我們回去森林將鹿吊在木桿上扛出來。雖然就白尾鹿而言偏小，但重點是我也有了「自己的鹿」。搬進穀倉時，母親還特地為我們拍照，至今都是寶貴記憶。

可是回想起來我很訝異，一丁點風吹草動就足以令我（應該說，大部分人）不假思索本能反應，沒有深思熟慮、不顧利弊得失。行動脫離理性，無論彼時此時都非常危險。玄的就是：現在覺得那時候莫名其妙，那時候的自己卻覺得理所當然。後來學界出現類似現象，太積極的研究者取得了數據，明明效力薄弱卻興高采烈當作寶，埋首其中苦苦追尋，除了自己想看見的，其餘全部忽略。正因為有過相同體驗，我對此不感意外，只能慶幸自己早已學到教訓。非常規的行為多半伴隨風險，但幾乎任何改變都有機會在特定情境造就進步。精心規畫的行動很少孕育出真正的原創，反而各式各樣的意外更有潛力。話雖如此，年紀越大我越保守，對於通過時間考驗的標準做法幾近偏執。理解後果是什麼，就傾向停在熟悉的舒適圈，結果卻是停滯不前。意識到這種變化，我明白了為何多數人在特定年齡最能發揮創意與生產力，以及我們何時奔跑又將跑向何處。

心智成熟代表學會精確判斷何者可能、何者不可能，隨之而來的差異很巨大。像我必須對標的越來越有把握才願意投注資源，也認為狩獵活動裡「鹿」其實只是「遠大前程」的象徵。如今的我不再受到來自非洲大草原的基因引導，農莊體驗也是遙遠的過去，所以失去了追逐獵物的衝勁。年輕的我是獵人，年邁的我不會花太多時間尋找鹿在何方。天性中的火焰微弱了，帶肉回家沒有太大意義，何況超市裡頭多的是食物。我已經老得當不了獵人和跑者了嗎？放下心中激情是老化過程的必然，又或者重新接觸就能重燃火苗？於是我決定與外甥查爾斯·瑟沃（他父親曾擔任我二十四小時賽程的助手）一起獵鹿，重訪自己的少年時代試試看。地點不變，我們的獵場永遠都在緬因州營地附近。

二〇一九年十一月的最後一個星期六，緬因州獵鹿季節最後一天，一大早查爾斯自己先出去了。我起床比較晚，悠閒地煮了咖啡，在營地散散步，偶爾躺在沙發上寫寫畫畫。平常晨跑四英里，那天心血來潮就跑了六英里。跑完休息再來杯咖啡，接近中午才決定花一個鐘頭過去「石柱」看看。

那是我們常去的地標，一塊如屋子大小、被冰川磨得圓潤的峭壁，邊緣幾棵大鐵杉連接成蔭，後頭開闊山坡的闊葉林從來沒被砍伐過，下面是一大片莢蒾，如果春天就會開滿百花，秋冬則連葉子也沒有。我們出門打獵通常要好幾個小時搜索沼澤，又要爬上橡樹與雲杉密布的山脊，中間空檔就會過來這兒倚著鐵杉喘口氣，是大家喜歡的休息站。為了觀察冬天群集的鳥類，那個月我天天去，每天就待一小時，當天原本也是這麼計畫。那年規定只能獵雄鹿，而且一場降雪量預計達四到六吋的風暴正在醞釀。

繞上石柱北側小路時細雪紛飛，午後一點鐘地上已有一層薄冰。若是這厚度，足跡會很明顯。我走到了平日休息的位置坐下，頭上有茂密的鐵杉樹冠遮風擋雪，眺望時想起峭壁底下積雪一週未退，恐怕找不到腳印，沒什麼指望了，心中不免覺得可惜。但畢竟是狩獵季最後一天，我決定至少待完一小時再走。

四周極度靜謐，只有一隻毛茸茸的啄木鳥到處鑿洞，沒看見松鼠、沒聽見渡鴉鳴啼，沒別的東西移動。也罷，我盡力了，狩獵季即將結束，再五分鐘就該回家。我起身伸展一下，斜坡那頭什麼東西碎了？新雪壓垮樹枝？想再坐回去的時候又聽見了，很清楚，絕對不是樹枝。我望向上坡，竟有一頭鹿全速在楓樹、山毛櫸、膠冷杉之間穿梭，動作非常快，我凝神定睛想看清楚那雙翹起的耳朵中間有沒有雄性特有的犄角。忽然又聽見一次碰撞聲，前面是母的，後面是公的，分叉犄角非常大。

牠闖入空地縱身一躍，我從點三零三十槓桿式步槍的準星觀察。槍是十七歲時菲爾．波特送我的，他自己買了有瞄準鏡的新貨，這種舊世代的東西就不想要了。可是老古董如今反而流行起來，我也沒用過別把。眼前這種場合，半自動步槍會更方便，因為鹿跑得實在快，給牠三秒就會消失得無影無蹤。我扣下扳機、裝子彈、再一槍，雄鹿竄過小山丘鑽進另一頭常青樹林。我跑過去檢查地面，發現積雪上有一滴血跡！

不浪費死去生命的一分一毫

或許會有人質疑：既然喜愛大自然，為什麼要獵殺鹿？人類的祖先可能是猿猴、是野人、心智只有孩童程度，但現代人不一樣了吧？我確實也分了心，開始思索這個議題，此時一段關於自然的雋語浮現腦海，亨利．貝斯頓（Henry Beston）的文字永垂不朽：「對動物應有不同的觀念，更睿智，或許更神祕……牠們並非人類的手足，也不遜於我們。動物自成一格，雙方在生命與時間的網裡碰撞，同囚在世界的光彩與苦難之中。」沒錯，牠們自成一格，所以如此迷人。此時此刻我與動物的距離並未疏遠，反而更加親近。我曾見過父親與熊寶寶依偎熟睡，母親任猿猴騎上肩頭，我自己則以烏鴉、渡鴉、貓頭鷹、野鵝為夥伴，浣熊、臭鼬和幾隻狗為室友。我將數不清的毛毛蟲養到長大，餵養山雀則是長年習慣。

人和動物的關係在我看來是互相，而非單向。攝食是極致親密的表現，我吃過很多老鼠、松鼠和雞，倒死路旁的動物若無特殊因素我絕不錯過。每個人類每一天都得吃下其他生命體，若將來我被吃掉也無所謂。我明白生命有盡頭，但並不會主動追尋。土撥鼠冬天沉睡，樹蛙秋季結冰春季解放，若能學會牠們的模式也很好。我認為地球上所有動物裡，只有人類害怕死亡。死亡對其他物種根本不可知，因此無從畏懼。理解死亡不容易，死後被吃掉卻只是過程。做好心理準備之後，死去並成為食物反而通向復活和永生，進入我們鍾愛又好奇、生生不息的永恆循環。這樣的復生非常具體，卻又是靈性上的信仰。狩獵時，我最大的考量是如何不讓獵物難受，不浪費死去生命的一分一毫。在我看來，為了以動物為食而讓牠們在籠中度過生命，反而製造了更大的苦痛。若是在野外遭到獵殺，至少動物只需承受一次，運氣好的話就幾秒鐘而已。我認為放著受傷的動物活受罪才是不可饒恕。

開始進行追逐戰，我的大腦彷彿有個開關啟動；聽見「各就各位、預備、跑！」的時候也是這個反應。查爾斯與我原本找了許久只找到一頭已死的鹿，地點一片狼藉，遺體埋在染血的落葉堆中只有犄角露出。大概郊狼或熊殺了鹿，吃掉大半後將剩餘物埋起來。

跟隨蹤跡十分鐘，牠在前方出現，每次跳躍仍有十五到二十呎距離。乍看牠動作並未減緩，但多年前我看過心臟中槍的鹿，起初也是奮力奔跑，約莫百碼以後驟然倒下。就像百米選手最後衝刺一樣，牠們會拚到氧氣完全耗盡。中彈的雄鹿同樣頑強，活蹦亂跳像是跑道上的選手，朝下坡晃了大概兩百碼之後短暫躺下，地面又多了幾道血跡。或許察覺我在後頭，牠又站起來繼續跑。我追了一小時，途中是能找到野鹿虛弱或休息的跡象，然而儘管牠後來還躺下兩次，卻總將我甩在視距之外。

追逐賽演變為耐力賽，我能追上嗎？還是牠能永遠保持領先，不被我找到也不吃下一發子彈？野鹿領著我穿越以前從未走過的森林，山丘底下有片沼澤與灌木叢，翻過岩臺又是下坡。繼續走了一小時，我擔心自己途中已經迷路，有可能混淆牠與別頭鹿的路線，畢竟看上去步距毫無縮短也不再有血跡。才這麼想，又看到一個小紅點，可以確定沒追丟。

不可思議的事情發生了：我居然順著野鹿足跡跑起來，同時仔細觀察前方——周圍沒什麼遮蔽，只有積雪越來越厚，一叢野草下的腳印不很清楚，接著我就找不到線索。沒了！我氣到明知道鹿不會爬樹還是抬頭找，暗忖唯一可能是牠折返，路線經過空地草叢正好隱藏行蹤。這麼一來很難找了，而且我先前匆忙中就錯過其他痕跡。野鹿從我找到的最後這個定點轉了九十度，跳了很大一步才繼續奔跑。我只能循著路前進，結果又是一波苦戰：穿過舊伐木場與沼澤，爬上崎嶇山坡後，橡樹和櫸樹下的落葉碎裂，明顯剛有熊行經，附近雪地上很多火雞爪印。訊息不斷進入我的大腦，消化分析都是下意識進行，偵察感知的範圍遠超過表面所見。

跟隨大雄鹿的行跡，我攀登到霍頓岩高峰附近。查爾斯高一時在這附近獵到第一頭鹿，我也是那年紀跟著菲爾．波特進行秋獵有了收穫。記憶交會、重溫舊夢，查爾斯與我舉槍射向我們的鹿。此時與彼時的我都因為積雪上豐富的動物痕跡而驚喜。巨大高聳、表皮粗糙的紅橡樹矗立此地，歷經不知多少歲月，連伐木機具都應付不了它的尺寸。四十年前值得紀念的日子果實豐碩，今日依舊，落葉被鹿、熊、野生火雞翻得凌亂，想當年火雞可還沒在緬因州的森林定居。雪還很新，牠們尋找橡實留下的爪印十分清晰。

接下來五個月裡氣溫會降到冰點以下，火雞很難找到食物，儲存足夠脂肪才過得了冬，牠們必須盡量收集橡實。人類打獵也是間接受了樹木的恩惠，與大地之間有了連結。我們靠其他動物維繫生命，所以看見牠們感到興奮；鹿、熊、火雞看到橡實也一樣。這些都是大地的恩賜。因此在我看來，吃鹿肉並不比吃牛肉差，反而有益身心靈與自然的聯繫。

烏雲漸濃，天色昏暗，降雪比先前更多且持續增大，完全不留空隙。直至此時我才驚覺自己絲毫不知身在何處，而且以大致不變的速度奔跑了至少兩小時。再過一個鐘頭周圍雲層下就是不見五指的黑暗，我停下腳步顧盼張望，只見雪勢更加猛烈，找不到太陽月亮或任何能指引方向的事物。我的心裡開始不安，意識到這夜或許得在林中度過，而且為了找到回家的路必須放棄那頭鹿。話說回來，追牠究竟追到哪兒了？小屋在什麼方向，距離多遠？面前一座陡峭山丘很眼熟，攀登上去才發覺不對勁，根本沒見過！我迷路了，夜色逼近，唯一解決方案就是沿原路回去。

於是我沿著來時路線往下跑，進入對抗天體時鐘的比賽，敵手是夜幕與降雪。腦袋閃過好多念頭，最強烈的意念仍是回家。

訝異的是，到這時候我還不覺得疲倦，明明晨跑完覺得增加兩英里太操。答案很簡單：現在的辛苦是不得不為，所以身體不抗拒。我不斷前進，步調完全沒放慢。

人類演化幾百萬年靠的是耐力

那年初秋我與兩位朋友爬過附近一座山，其中一人不僅熟悉地形，本身也是緬因州的運動健將，路途中展現實力總能拉開距離，就像今天這頭鹿領著我一路爬上山巔。不過那日下山時他就開始虛弱，身子都挺不直，得靠我們攙扶才能一腳一腳邁出步伐。原因單純是年紀，他也七十出頭，我則將近八十。而此刻這片陡峭山丘上的比賽不同，完賽不僅僅是心中所願，還是生存所需，有極其實際的價值而非純粹的象徵意義。

幾小時前的足跡很快被白雪覆蓋，我趁著完全失去方向之前盡快前進，好不容易回到追逐起點，也就是地標「石柱」，順著北側山徑往南移動，在黑暗中回到小屋。全程都用跑的。

跟在野鹿屁股後頭應該也算是一種「山徑越野跑」（trail running），只不過更多時候踏著積雪、爬上陡坡，而且我腳上穿靴子、背上扛步槍，還一刻不得歇息。事後回想，我才意識到當天經歷是一次意外的實驗，測量了人類生理的耐力變化。我不禁好奇，若自己年輕力壯腳步快，是否就能追上那頭鹿？再者，倘若狩獵成功與否決定生死，也就是最原始的天擇環境，結果顯然是野鹿得勝而我落敗。當然我沒倒下就算贏了，不只平安無恙回到家，隔天還能繼續跑步。狩獵中我下意識調整到正確節奏，不是為了追上碼錶，而是配合目標調整身體的能量輸出。

這個事件前一個月我比較疏於練跑，一週累積不到三十英里。當時每天體溫（舌下）測起來稍微低於常態（對我個人是正常），在攝氏三十六點五左右（醫學上一般人是三十七）。沒追到鹿的那一夜，體溫只有攝氏三十六點四，翌日早晨更低，到了三十六點三。乍看也沒什麼奇怪，事實上舌下體溫不能反映全部，還得參考末梢體溫。晚間七點十分，小屋裡頭算溫暖（攝氏二十二度），我的手腳裹著長袖衣物和襪子，卻顯得特別冰涼。口腔是三十六點四度，腋溫卻只有三十五點一度，膝蓋後側更只有三十四點九度左右。新設計的溫度計得到數據會嗶嗶叫，但我用手指掐著它插進腳趾縫，完全沒發出聲音，換言之，溫度低到無法偵測。

多年來我都有量測舌下體溫和心跳的習慣，有時候一天不同情況會做好幾次，得到的數據正好拿來與昆蟲比較。比較生物學常常研究不同動物的體溫變化、能量消耗、能量平衡，我只是拿自己做白老鼠罷了。我的靜止心率也比較低，每分鐘趨近四十而已；靜止體溫只有在吃完大餐後才趨近「常態」，說起來有點像大型外溫爬蟲類，牠們攝取大量食物以後體溫才顯著增加。我的熊蜂紀錄裡面找得到相同現象，如果牠們找到的花蜜含糖量少，肌肉溫度就會大幅下降，進而導致採集速度趨緩和時程延長。或許我的童年經驗讓身體學會進食不足就要保留熱量，我也深刻記得放學後在森林漫步奔跑卻忽然生出的感悟——宗教所謂的天堂，應該是隨時吃得到炸雞的地方。會有那種念頭就是因為還在哈恩海德的時候，有一天父親帶著雞回到小屋，他說是在森林裡野生的。經過母親烹煮，那滋味十分難忘。而我的身體不將多餘能量轉換為體溫，倒是留給跑步，若還有剩餘就儲存著準備長跑或因應未來所需，例如冬眠或更需持久的比賽。

研究生階段我深入理解蛇的休眠反應。除此之外，印象中很久以前就讀過一篇論文，探討的是巴塔哥尼亞地區阿他加馬印第安人的體溫變化。印第安人的習慣和觀察他們的科學家很不一樣，睡覺時幾乎是全裸躺在地面上，腳掌溫度非常低但他們並不在乎。論文作者將這種睡覺方式視為該族群演化得來的適應策略，但我認為也有可能只是大腦學習機制的結果，總之能夠保存能量不浪費。

追逐野鹿的我就像數百萬年前舊石器時代的人類祖先。他們不會每次都想趕上獵物腳步，懂得以其他手段癱瘓目標，或者憑藉散熱優勢靠白晝高溫打消耗戰。那時候的人類當然會用武器，甚至毒物，只要獵物速度減緩就跑不了太遠，可以省下追蹤的力氣。反觀我若堅持夜間狩獵，別說追到野鹿，活下去的機會都有些渺茫。天擇篩選人類的標準很可能是能量保存效率而非純粹的速度，我們這個物種演化幾百萬年靠的是耐力，策略不同於依賴爆發力的獵豹。

條件良好、食物充足時，速度可以透過練習改善。長遠來看，食物匱乏和長期能量透支則會以削減生長幅度來平衡（且可能減緩老化）。再過半年就八十歲的我以為自己還沒走下坡，卻因為一頭野鹿陷入意料之外的苦戰。所以之後我打算有胃口就多吃點，保持體溫和速度，偶爾做點狩獵模擬訓練，說不定可以參加真正的山徑越野跑。

第十五章　自然之路

我們和路途所見的所有生命本是一體，沒有優劣貴賤之分。

十八歲時，跑步與身體合而為一，充滿原始活力，簡單而純粹。年紀大了，思考變得功利，追求成績是為了滿足欲望，甚或賺錢謀生，汲汲營營而非享受過程，為了獎賞和物質而跑，與實驗室推拉桿領食物的老鼠沒兩樣。比賽投跑者所好，所謂「獎盃」不過是個鍍了金、占空間的擺設，真正的誘因應當是心理上的愉悅與珍貴回憶。也因此觀看超馬賽事可能和盯著牆壁等油漆乾一樣悶，跑者本來就不需要豁出性命去取悅他人。跑步與現實連結，背後的訓練多半伴隨嚴重不適，然而透過精疲力竭的反差，我們才能體會到休息的舒暢，好比寒冬中烤火別有一番滋味。

我已經很久沒感受到類似跑完超馬那種極致滿足，但後來還是連續好幾年秋天參加兩個十公里比賽。賽前訓練每天四英里，從小屋門口踩著碎石往下，接著是在瀝青路上跑一英里，轉彎到沙地小路上橋過溪後折返。好長一段時間，超馬這件事沒進過我的腦袋，畢竟已經在那個世界奮鬥過一遭。但學生兼好友傑森·馬祖羅斯基（Jason Mazurowski）隨口提起時，我心裡還是起了波瀾。

不只挑戰自我，還應該樂在其中

他描述比賽時說「大半是連綿山丘和鄉間小路」，於是我腦海浮現農舍、開滿一枝黃的原野、褐黃色野草、葉子變紅的樹林、牛群和牧場，佛蒙特鄉下就是這模樣。接著我不禁開始懷念起自己的第一次超馬；四十年前的那段五十公里，也是類似的風景。那次經驗點燃我對超馬的熱情，如今又受到感召彷彿宿命，要在幾乎相同的時節與地點首尾呼應。於是二〇一九年九月二十九週日上午八點，我踏上布朗斯維爾（Brownsville）五十公里馬拉松起跑線，衣服上別著號碼牌一四八六。

頭一次拿到數字這麼大的號碼，我意識到比賽規模完全不是同個等級。登記的跑者總共兩百四十三人，其中十一位女性。過去經驗中，參賽者有

三、四十人就不錯了，基本上全是男性。而且開賽也沒人大喊「各就各位、預備、跑！」所以不必搶前排位置爭取碼錶上任何一秒鐘。比賽文宣說，「在風景如畫的佛蒙特挑戰自我」，到底什麼意思？是比賽，還是觀光？這活動到底搞什麼？

結果不到一英里，大家開始沿著險峻狹窄的泥巴路向上攀爬，除了一側陡坡，還有各種迂迴曲折及大角度彎道。賽道難度超乎想像，就算只是健行也極其辛苦。繞過一片森林，翻過凸起的樹根、鬆動的大小石塊，接著面對四十五度角上下坡，每步都得小心謹慎。路線角度真的誇張，半途曾被後方跑者叫住，他以為我跑錯方向了。等我跑回頭，卻發現剛才根本沒錯，結果那段路我就跑了兩次。此外，賽道共用太嚴重，除了我們還有一場五十英里山徑越野跑、一場五十英里自行車大賽，單車車流從背後湧來，若沒閃開後果不堪設想。但好笑的是騎士們接近時會高喊「左！」「右！」請跑者移動，卻總不說清楚是要我們朝那邊挪，還是他們會從那邊經過。或許賽前有什麼說明，但我沒讀到？總而言之，完賽時間並不重要，這根本不是比速度的賽程，我索性退到路肩讓單車過去再說。每位騎士見狀都朝我喊一句「謝謝」或「感恩」，這也是前所未有的比賽體驗。

跑者和騎士魚貫前進，我沿著山丘爬上爬下，途中還得翻越廢棄農場的石牆。馬拉松還能這樣跑，我可真是開了眼界，實際感受更接近後來意外的獵鹿之旅，差別是一個保證有路、一個不保證有鹿。

還有打獵的時候氣氛可不會如此歡愉溫馨，沿途很多當地民眾設置的補給站，簡直像是開派對。他們提供各式各樣點心飲品，其中黃瓜汁可是我的第一次。靠近中間某站點時，我聽見敲鑼打鼓好不歡騰，還以為終點就在前方，過去一問得到的答案竟然是「就剩十四英里了！」我累壞了，移動速度越來越慢，但還是得保持平衡，免得腳趾勾到樹根整張臉往石頭撞。

這條路線用來健行其實非常理想，不過一般健行步道會從甲地到乙地，這條則繞一圈回到原點。然後必須強調：主辦單位可從來沒有騙人，如果行前我有認真讀過賽道介紹的話，可能根本不會來，因為明明白白寫著「高山陡坡」、「若選手迷路需自行返回賽道」（我就是）、「垂直距離五千六百英呎」、「壯闊的一千六百英呎攀爬」（沒開玩笑）、「立足點穩定」（對山羊而言？），也警告了會有「岩石與樹根」、「自山腳到山頂」、「高山峻嶺綿延不絕」等等。

時代不同於當年了，現在馬拉松的華麗與誇張程度超乎我的認知，不再只是為了勝負或成績，連時間和距離都未必是重點。賽程多遙遠都只是刻意為之的阻礙，如同途中的石頭、樹根、彎道、陡坡，以至於天氣。幸好那日天氣晴朗，但也只是運氣好。

換句話說，這種比賽故意不強調單一項目，而是每個層面都困難，所以大量融合山徑越野的核心元素，背後用意是給參賽者超越逆境的成就感，能夠完賽就很不簡單，否則那樣好的天氣不會仍有四十四人退賽。所有阻礙都是設計好的，克服它們就是榮耀，而且不只挑戰自我，還應該要「樂在其中」，甚至同時……欣賞美景？

形式是馬拉松，內涵是身心的饗宴

我體驗到一個新世代，同時也是個人首次的山徑越野。和其他人一樣，我有時候不得不慢下來用走的，但這並非自暴自棄，絲毫不覺得丟臉。比賽後半我跌跌撞撞總是被人超過，他們一個接著一個對我說：「加油！」「跑得好！」不對吧，我這叫苟延殘喘。其實開賽之後沒多久，我的標準就降低到能跑完就好。

好不容易望見一座山腳，感覺終點大概就在那邊，暗忖應該能跑得到吧——只要我肯堅持到底。沒想到居然是（故意設計的？）錯覺，沿著山麓還要上上下下三英里才看得到真正的終點線，它愈發光彩簡直成了跑者心中的香格里拉。

能盯著終點而且有體力跑完最後一百碼，真是難以言喻的幸福。比賽結束，我兩邊膝蓋僵硬疼痛，好幾個鐘頭沒辦法走路，腦袋裡迴盪一句話：千萬千萬別再碰這玩意兒。但事實上心情很滿足，穿越終點線的前幾分鐘，興奮得忘了累和痛。翌日，我又驚又喜發現膝蓋馬上就復原。

超馬本屬於年輕男子，現在也擴及女性與高齡。那次比賽的女性第一名露西．史金納（Lucy Skinner）當時二十六歲，是全場第二，也就是只輸給一個男性。另外，不出所料，前十三位完賽者只有一人不在二十到三十九歲這個區間。我個人成績精確到百分之一秒，但感覺無論對自己或其他人都沒有多大意義。由於山徑各有特色，所謂的「紀錄」都只適用同樣路線的比賽。一百八十二位完賽者之中，我才第一百四十三名，但也勝過二十到四十九歲組裡的一成六、五十到六十九歲組裡的三成。七十歲以上組我拿了第一，實際上就我最老，下一位小我十歲之多。這把年紀還能和大家一起跑步，我已經覺得無比感動。

在我看來，這個活動不只是比賽，更是一場大型儀式。週日舉辦很合適，我想起少年時在緬因州欣克利中學的生活，每星期得穿制服做禮拜，結束後立刻跑回宿舍脫掉白襯衫和領帶外套，換上短褲T恤沿小徑奔入森林，聆聽鳥兒歌唱，欣賞無所不在的美。佛蒙特馬拉松的「教堂」是一座大帳篷，沒有唱詩班，但有駐唱樂隊，臺上不是黑袍教士講道，而是主持人預祝大家「馬到成功」，還提醒我們要「好好享受今天的風光明媚」。搭配現場演奏、賽後烤肉大會、兩瓶免費啤酒，形式是超級馬拉松，內涵則是一次身心的饗宴。

我從山徑越野跑的初體驗，窺見跑步的新模型。以往屬於州、國，以至於國際的正式競賽不再絕對，甚至不是唯一的紀錄標準。長距離賽跑已經蛻變出新形態，結合慈善（參賽費用部分捐贈公益）、自然觀光（場地傾向以自然環境為主）、個人規畫（參與者決定自己的目標）、族群互動與包容（比賽多為公開，不分年齡性別國籍種族與宗教皆歡迎）。這種賽跑彷彿取代宗教或即將成為新宗教，促進社會和諧、鼓勵親近自然，喚醒人道關懷的同時，還能體驗身為人類的渺小和局限。我們和路途所見的所有生命本是一體，沒有優劣貴賤之分。

人類特化的是後肢，渡鴉特化的是前肢，所以牠們能夠振翅高飛盤旋空中、迎風翱翔來回山間。此外，渡鴉可以模仿人類的聲音，但牠們彼此呀呀嘎嘎的呱噪叫聲我們卻學不起來。黑頂白頰林鶯（*Dendroica striata*）棲息於北美各地山區，我們比賽時牠們也正要展開獨特的傳統旅程：為期三天，一千五百英里，毫無間斷、飛不動就是死，沿著東方海濱穿越墨西哥灣，目的地在南美洲。而且這是鳥群第二次大冒險，許多成員的第一次是從阿拉斯加北部遷徙到美國東岸。入春以後牠們又有新的路線，先滯留佛羅里達州，接著或許回到阿拉斯加，又或者前往新英格蘭山頂以雲杉林為家。

我們總是說鳥兒「冬天南遷，春天返回」，但常常忽略一件事：渡鴉與林鶯這些行為與人類跑者沒兩樣，都是想做才會去做。演化如何讓牠們想做呢？將這些活動與腦內啡結合，投入時會覺得愉悅，若是重要的事情更會產生難以抗拒的動力。牠們覺得快樂才會去做，渡鴉喜歡像飛箭在空中俯衝，林鶯喜歡乘風而非逆風。動物得到訊號就上場，選手也是聽見「跑！」就衝出去。

第十六章　隨生命時鐘奔跑

光陰如流水不停歇，花兒不知被摘了還是枯萎了，但種子落地就會生根發芽，生物時鐘平等對待所有生命體。

此刻的我再三個月就八十歲了，沒辦法與四十歲的人比賽。生物時鐘不但不允許，還會刻意作對。完賽時間都有合理期望值，還被做成圖表，可是我看了以後總是很好奇，能不能突破那些數字的限制。

例如我面前這本《超跑》雜誌裡，彼得．里格爾（Peter Riegel）所撰寫的〈老化緩速〉這篇文章就有附圖，以五十英里的賽程為例，畫出年齡與跨步頻率、每分鐘速度與完賽時間的關係，從中可以清楚看出生物時鐘對長程賽跑的成績有多大影響。

通常讀者第一眼就會注意到年齡的占比有多重：從十歲到八十歲，跑者完賽時間呈U形曲線，也就是速度從慢到快、再從快回到慢。目前最年輕組，也就是十歲跑者的最佳紀錄為每英里九分鐘，到了八十歲則是每英里十二分鐘，曲線最底部的世界紀錄將近五分鐘就能跑一英里，落在二十八歲。此外，曲線很平滑，各組最快者從最幼到最長的跑者姓氏分別為：Breinan（十歲），Cortez（十五歲），Cortez（二十歲），Klecker（二十八歲），

Kirik（三十四歲）、Heinrich（四十一歲）、Corbitt（五十歲）、Ratelle（五十八歲）、Casady（六十七歲）、Mostow（七十八歲）。其中有個現象非常值得關注——基本上沒有重複的人（例外是十五歲和二十歲那位），從二十歲開始每組都是不同名字。換言之，一個人的巔峰可早可晚但無法維持太久，早爬上巔峰的人跑不贏晚爬上巔峰的同齡挑戰者。當然未來的紀錄保持人與完賽時間還會被取代與刷新，但差距恐怕就幾秒，程度不足以撼動圖表，曲線也不會因此變形。

男性所謂精英組，也就是從三十到五十歲，五十英里比賽的成績每年下降二到三分鐘，過了五十歲跌幅更大。速度降低只是一個面向，《超跑》雜誌後來還有一篇文章是〈超馬跑者何時不再跑超馬？〉，作者派特．麥肯錫（Pat McKenzie）指出五十四歲之後，無論男女很少有超馬跑者能夠完賽，「因為各式各樣的原因，我們放棄了超級馬拉松（或許是因為變聰明了）。」

我在四十一歲拿到精英組的五十英里世界紀錄，當時平均速度為一英里六分鐘三十八秒。作為對照，五十四歲的紀錄保持人泰德·柯華特（Ted Corbitt）[1]每英里是七分鐘五十二秒。若其餘條件相等，他四十一歲挑戰五十英里有可能與我平手，而我五十四歲也可能追得上他。但世界紀錄就是一切接近完美的結果，可以等同其餘條件相等，唯一差異就在年齡。過程有瑕疵缺陷的話，原本就不太可能打破紀錄。距離第一次打破美國紀錄十九年後，我才二度參加五十英里比賽，雖然也達成美國分組紀錄，但我每英里跑了八分鐘，比起四十一歲時每英里就慢了八十二秒，與圖表內的曲線走向幾乎重疊。

根據同一張圖，八十歲的我跑五十英里比賽（預設是身體健康、各種條件完美）能發揮出每英里十四分鐘三十秒的速度，需要十二小時又十五分鐘才能跑完。不過實際上，紀錄保持人為加州的比爾·達森（Bill Dodson），速度快很多，每英里只花了十分鐘十六秒，二〇一五到一六年他八十歲期間打破四項重要紀錄。比較起來，我已經在斷斷續續六十年的跑步生涯中將精

1 譯按：前述的五十歲組紀錄保持人。

力用光，比爾・達森五十歲才開始跑，資歷與消耗只有我一半。可以說他將資源存到後面使用，我在生理和心理兩方面都難以望其項背。

生物時鐘究竟告訴我們什麼

那麼花兒都到哪裡去了呢？我也很好奇，於是二〇二〇年五月十日，我在練跑四英里時認真思索這個問題，想起很久以前自己跑出十分神奇、難以置信的好成績，尤其現在跑不動了更是感慨。

雖說往者已矣，但可追的來者也幾乎總要建立在既成基礎上。米哈伊爾・蕭洛霍夫（Mikhail Sholokhov）在小說《靜靜的頓河》（*And Quiet Flows the Don*）裡引用了哥薩克民謠〈柯羅妲・杜達〉（Koloda Duda）[2]，歌詞問：「花兒都到哪裡去了？少女們將其一一摘下。少女們到哪裡去了？去了她們丈夫身旁。男人都到哪裡去了？他們從軍征戰沙場。」彼德・席格

2 譯按：其原意為女子名。

(Pete Seeger)搭機前往歐柏林學院(Oberlin College)途中,恍恍惚惚想起小說內容寫出新歌,一九六〇年代末由瓊・拜亞(Joan Baez)唱紅,歌詞開頭就是:「花兒都到哪裡去了?時光飛逝。」

我比賽的日子也過去很久了。光陰如流水不停歇,花兒不知被摘了還是枯萎了,但種子落地就會生根發芽,生物時鐘平等對待所有生命體。

依據生物時鐘,樹木要成長很久,到老年了才開花結果。反觀雛菊,僅僅一年就能綻放。比較生物學有許多證據指向同一點:長壽與追求生殖能力的極限呈正相關。以人類而言,生殖是社會行為,家庭可以包括祖父母,老一輩協助子女養育第三代。這種群體結構有益親屬利益與生活品質,於是轉化為大腦情感並刺激內分泌系統。人類或其他動物都以同樣模式與環境連結,只不過我們的情感有感官之外的思想來源。

四十年前為了瑪姬要過來,我改建過一次房子,現在我又住進隔壁的新木屋。屋外一百碼的距離傳來鳥囀,距離上次聽見已經好幾年了。我躺在床上思索生物時鐘究竟告訴我們什麼，卻聽見三個音節「灰、普、威」[3]反覆迴盪。晚間八點四十分，叫聲持續約兩分鐘。後來整夜安寧，日出時分一對霸鶲顧著鳥窩，啣來新鮮苔蘚補強邊緣才產下四、五顆淨白鳥蛋。鳥類行為受到約年和約日節律制約，從遷徙到歌唱、從求偶到築巢、從生蛋孵蛋到餵養雛鳥，都有各自對應的時間。牠們透過感官接收環境刺激，訊息經過腦部分析。同樣機制促使牠們選擇在秋季飛向南方。

約翰．麥克菲（John McPhee）的《可疑地形》（*In Suspect Terrain*）一書，開頭便提出地質學假設，推測十億年前一塊大陸斷裂後形成現今的大西洋。後來地球經歷至少十餘次冰川期，未來可能還有五十多次，將襲捲加拿大全境、新英格蘭、紐約、賓夕法尼亞、美國中西部。目前處於冰川退縮期，等兩英里厚的冰川來臨，將會「把多倫多撬起來插進田納西」。

或許時間還久，但若我們無法把握，機會稍縱即逝。如果我們不認為自己屬於自然，會懂得要植樹造林，從而增進自己的壽命嗎？人類有其他動物

3 譯按：原文 whip-poor-will 即英語中對「三聲夜鷹」叫聲的狀聲詞。

不具備的心智能力，因此可以回應當下狀態，由內而外創造出長壽。像我雖然跑步慢了，心裡那把「火」不夠旺了，卻早已跑出另一片天，找到同樣的情感和信念。

第十七章　自然信仰

何謂真實？大自然就是真實的顯現。人類該做的並非宰制自然，而是滋養自然；自然造就我們，我們回歸自然，生命的真實即永恆。

為了想要打破一百公里長跑紀錄，那一年我和瑪姬親手蓋了兩棟木屋。屋子裡有張粗糙的木桌板，原料是黑莓樹幹，沒有去掉樹皮。我開過一門田野生態學的課，若有學生過來，我就請他們將姓名刻上去，這個儀式持續了三十一年。大家圍著桌子用餐、對照在樹林裡做的筆記、討論觀察到的動植物，欣賞班卓琴與小提琴音樂之後常常跟著哼唱，或者起身就著微弱燈火、在壁爐暖意下手舞足蹈。我們白天進森林找鳥找樹，搜索積雪上的動物足跡，嘗試更加瞭解其他生物。傍晚，一行人擠在桌子旁的兩張木頭長凳上，學生們總會在某個時間點在桌上刻名字、畫圖案，有時候留下心裡話。有回桌子東南角的留言是：「自然即上帝。生命的關鍵是連結。演化於人類亦父亦母。無此三者我們不復存在。」

生命源於異常。類似單細胞的結構得到複製自身的能力，一啟動便無盡無休，直到某一次複製過程出現誤差，結果微微偏離常態卻沒有失去複製能力。學界推測這事件自三十五億年前開始，直到今天仍未結束，複製和異常持續不斷，也就是我們口中的演化。

人類、自然、社會、宗教彼此千絲萬縷。以往我們自詡為萬物之靈，無論白線天蛾、紅喉北蜂鳥、緋紅金剛鸚鵡、海中的藍鯨都只是下等。其實人類在地質時代最末期才從近似猿猴的先祖脫胎換骨，發展出社會與科技優勢，但某些被我們視為最低等的物種如白蟻，牠們早就從蜚蠊開始演化出社會性——人類的社會體制未必完美，牠們的社會系統也未必不值得借鏡。至少哈佛大學昆蟲學家威廉・莫頓・惠勒（William Morton Wheeler，生於一八六五，卒於一九三七）就透過著作《昆蟲的社會生態》（*Social Life Among the Insects*，一九二三年出版）宣揚這個觀念，他說：「自亞里斯多德、普林尼一直到現代，自然史始終如根如莖貫穿生物科學研究，之所以如此，是因為其他生命體或多或少與人類肖似，我們深邃的好奇心必須獲得滿足。」更早些，他在一九二〇年的《科學月刊》（*Scientific Monthly*）發表過一篇異想天開的詼諧散文，標題為「白蟻法典，及其生物學和社會學」（The

Termitodoxa, or Biology and Society），故事裡有隻鬥白蟻（一個常見的非洲白蟻種，學名 *Termes bellicosus*）王朝第八千四百二十九代的君主名叫「威威」，牠在惠勒筆下具有遠高於人類的社會性，還精通英語，教導我們若人類社會的問題放在白蟻社會如何解決，討論層面包羅萬象，有營養、能源、環境、資源、敵對、軍事、衛生、育幼、養老和壽命。威威表示，只要人類理解白蟻的做法，這些事情都能迎刃而解。然而理解的前提是將生物調查人員擴編為百倍，大幅提升其社會信任與責任，而且收入至少能與水管工人和磚匠打平，如此一來，「往後三百年內的社會進展，將等同更新世到現代的程度」，而牠「衷心期待」人類的政治家能「趕在當前地質年代結束之前」採納建言。

「我們」和「他們」的藩籬

惠勒和威威都略過了一個問題：究竟白蟻有什麼是人類所欠缺的？答案

則是各昆蟲社群凝聚的重要因素：共同氣味。我們人類沒有那麼方便的工具，必須以複雜行為辨識彼此，主要是語言，再來是服飾、髮型、風俗，最後宗教也有可能發揮不錯的作用。人類社會的辨識機制效果良好，卻也形成所謂的魔鬼交易——用於辨識、促進團結的身分，反而會有反效果，區分出「我族」與「他者」。一般而言，雙方會開始競爭。所謂的他者，最初就住在山的那頭、水的那岸，能辨別敵我才能有效打擊對方。敵我意識也有適應性，人類學會在團體中相親相愛，對外時則同仇敵愾，怒火越旺、戰力越強。外人造成的威脅越大，組織內的連結就越緊密，反之亦然。可惜這種強調差異的演化路線導致兩敗俱傷，而且在人類未能察覺自身天性並以包容加以平衡前，很難化解。

實際上該怎麼做？我認為跑步就是好的起點，具普世性、公正公平，而且對生態和個人都有益處。人類越來越明白彼此之間同大於異，高山汪洋也不再能夠分隔我們，藉由共同語言及嶄新科技幾乎能打破所有時空與文化藩籬。我自己有個印象很深的經驗，與女兒艾莉卡在波札那奧卡萬哥三角洲時去了一條偏僻小溪，她忽然從口袋掏出薄薄一臺機器，幾秒後便與我孫子蓋博瑞和廉姆通話了，他們當時人在緬因州伊麗莎白岬家裡的廚房。所以說「我們」和「他們」的藩籬已經不存在。儘管當地遊獵導遊是非洲人，實際上與隨便一個大都市的隔壁鄰居差不了多少。歷史早期人類聚集一處是為了安全，為了抵禦「他者」，但現在無論「他者」是什麼膚色、距離多遠、人為的政治界線如何劃分，只要一個按鍵就能透過網路連結全球。

人類在有限空間裡逐漸合併為同一群體，基於社會性，我們仍追求超越渺小自我的高層歸屬，所以應當融入大自然，團結合作對抗設想的抑或實際面對的敵人。足以模糊和減少彼此歧異的共同敵人包括貧窮、環境惡化、人口爆炸、污染、病毒、物種稀少乃至滅絕、全球暖化、稅賦不平等。面對這些議題，任誰都該意識到自然之大、自身之小，世界有限但其美無垠，人類有相同的需求、受到相同的局限，卻也蘊藏深不見底的可能性，唯有同舟共濟才是最佳對策。

認清共同敵人，理解相互連結的重要之後，最要緊的是創造歸屬感。除了一起跑步，也可以一起唱歌，甚至選擇相同服飾與髮型都算數。然而在山徑上並肩奔跑有獨特的氛圍，所有人自動自發朝同一目標努力：大家都想跑完迂迴曲折但又美不勝收的賽程，途中各種險阻既是難忘的回憶，也促進參與者融入自然，尋回人類的根。參與跑步活動等同進入志同道合的社交群體，每個成員都有接受挑戰的心理準備，證明自己只是時間早晚的問題。付出的努力越多，得到的回報越大，無論上高山、下低谷我們彼此打氣，連天上的渡鴉、樹上的紅松鼠都出聲喝彩。不久之後，大家帶著滿身痠痛跨越終點線，抵達樂園得到獎賞和滿足，別人的收穫並不損害自己一分一毫，全是值得分享的喜悅。

在自然中奔跑就是親近自然、感受自然的魔力。這樣的親近創造團結、寬容與尊重，伴隨個人滿足得到實現，也因此更貼近真實。何謂真實？大自然就是真實的顯現。人類該做的並非宰制自然，而是滋養自然；自然造就我們，我們回歸自然，生命的真實即永恆。若說每個人的生命歷程獨一無二，那麼每隻野豬、野熊、老虎、帝王斑蝶也都不例外，聲稱人凌駕萬物明顯違反理性。在大自然的方程式裡，我們與其他生物中間會劃上等號。

基於人的社會性，我們透過儀式追求團結，儀式地點也會精挑細選，甚至地點本身就是儀式的一環，還要費心維持場地華麗美觀、歷久彌新。以中世紀而言，儀式地點是人造的大型宮廟殿堂，直到現在它們作為各大宗教的象徵依然屹立不搖。宗教在何處，祭拜的地點就在何處。既然如此，為什麼不改變習慣，直接走進大自然賜給我們的樹林聖域就好？約翰．繆爾（John Muir）和亨利．大衛．梭羅（Henry David Thoreau）[1]這麼做了，從古至今還有數百萬人嘗試過，只要靠自然夠近，就能感受到力與美，以及莫大威嚴。不過人的社會性確實強烈，以自然為尊之前或許還有個空白環節必須填補，也就是大眾共同參與的儀式。而我想不出比跑步更好的選擇，透過運動

1　譯按：約翰．繆爾為美國早期環保運動領袖；梭羅的散文集《湖濱散記》被譽為「構成美國人性格的十本書之一」。

既能滋養靈魂，也滋養了靈魂安住的軀體。

一個人人信仰自然的新紀元

跑步已經形成一套價值體系，奠基在追求卓越的信念上，還有判斷行為是否合宜的明確規範。隨著全球流行，與跑步有關的儀式和思想凝聚了許多人。一八九七年波士頓馬拉松才十五人完賽，到了二〇一五年膨脹不只兩千倍，高達三萬零兩百三十一人。紐約馬拉松也是，一九七〇年完賽人數僅五十五，二〇一六年則來到五萬一千人。觀看賽事的人數同樣增加，一九七〇年代觀眾在街道上三三兩兩分散各處，現在的觀眾本身就是背景，因為將近五十萬人。

各種跑步俱樂部如雨後春筍，以紐約市為例，柯文・弗羅爾（**Kovon Flowers**）對自己率領的「黑人跑步會」抱持很高期待。該會於二〇一三年由傑森・羅素（Jason Russell）和艾德華・沃頓（Edward Walton）聯合創立，初衷是對抗黑人男性死因的頭兩名：心臟病和中風。撰寫本書之際，黑人跑步會在全美各地共有五十三個分部，宗旨是「每位弟兄都健康」。現代人保持體能的模式逐漸從健身房轉移到戶外活動，越來越多活動幫助大眾培養體適能文化。

以跑步為主軸的活動多半完全公開，不但場地在戶外開放，參與資格也不對經濟能力、種族、性別、政治立場或其他傾向做任何限制，最窮苦的人也不會被拒於門外——無論哪一條路，跨出家門就是最大那一步。去跑步不用擔心找不到場地或社團，甚至連鞋子也並非必備，的確有赤腳跑步的紀錄。參與者住在什麼地方都不要緊，有志者必然會想到辦法。所有人都受到歡迎，從同樣起點邁向更健康的人生，成果包括大腦製造更多神經元、肌肉增強以後速度與耐力有所提升、壽命都可能因而延長。看見別人成功，自己也會喜悅，所以跑步是高度社會性的運動。不論是怎樣的精彩表現都能帶來感動，比如挑戰一英里四分鐘或兩小時馬拉松、小女孩或八十歲老奶奶努力跑完全程，都很動人心弦。見證努力的收穫正是追求卓越美好之處，所謂激勵人心不外如是：令人感同身受的真人真事，就算自己無法仿效，至少精神能與之同在，你我他合而為一。這個現象突顯跑步難能可貴，觀眾透過科技輔助彷彿化身選手上場比拚，而目前全球性規模的活動如奧運不過間隔四年，沉浸於榮耀的賽事體驗，每四年就能享受一回。

宗教源自人類需求，是社會性的延伸。歸屬於超越自身的事物會勾出我們心底的敬畏，其基礎是我們理解了世界、能辨識各種美麗燦爛，相信它們不僅存在，更生生不息。人類是其中一分子，大象和田鼠也有自己的角色。有這層認知之後便會察覺秩序，掌握到人類定位何在。

我們活在極不平凡的時代。每個世紀到了末期，人類對生命和宇宙的理解會經歷知識爆炸，新知很快成為常識。達爾文二十六歲（遠早於發現物種起源）就寫下這段話：「動物飽受饑荒病痛死亡所苦，被用作奴隸任勞任怨、付出生命取悅我們。但若跳脫思想窠臼，會察覺動物與人類或許有個共同先祖，明明本為一體如同手足。」幾乎所有宗教都主張世間萬物一體同源，以此原則喚起人類敬畏之情，進而形成行為準則。與其矛盾的觀念則是地球專屬人類，不必顧念其他物種。既然我們懂得欣賞和讚嘆，就代表那些事物值得珍惜推廣與尊敬。這是正確的方向，因此就我個人所見，一個人人信仰自然的新紀元即將到來，人從基因相似度找到生命共同的淵源，不再強行為自己與其他物種設下區隔，就像艾德華・奧斯本・威爾森（Edward O. Wilson）在《生物圈的未來》（*The Future of Life*）中重申的親生命假說（biophilia hypothesis）[2]：「保存生物多樣性就是人類對自己的永續做投資。」自然的信仰者若要聚會儀式，不妨考慮「和羚羊賽跑」[3]——羚羊靠想像就好，但來真的會更精彩。

2 譯按：即人類本能想親近自然世界，將「親生命性」定義為「與其他生命形式相接觸的欲望」。

3 譯按：呼應作者另一作品的書名《和羚羊賽跑》。

後記

人類追求自身價值，又因為社會性而對價值有了獨特的定義。我們需要歸屬於超越自身、更高層次的價值體系，譬如團隊、部落、國家，以至於宗教。

小時候我在緬因州求學，自我價值與教會活動緊密連結，包括洗燙白襯衫為了週日禮拜做準備、進教堂或每天上課前吟誦主禱文、高中朝會要向旗幟敬禮等等。小朋友就是聽話，從來沒人提出質疑，即使仔細思考起來有太多不合理。那種苦悶感在我心裡累積很久，或許與我的外籍背景有很大關係，很多事情顯得抽象矛盾又違反邏輯。如果當年學校告訴我，自然即上帝，我大概就不會反彈，因為那很容易理解，也很值得努力。

過了八十歲生日，我逐漸體會到轉變。過去歲月中，我的專注和心力主要放在跑步與科學，總因為沒能兼顧感情和友誼而覺得遺憾。但如今我卸下跑者和科學家身分，人生最後一哩路想學會完整的愛。以前為了謀生、為了理想總壓抑內心情感，錯過許多親友之間的交流。

路的前方未知仍多，但無論面對什麼，還有過往鍛練出的紀律和韌性能夠作為我的倚靠。一些熱情會持續，對鳥類、昆蟲、樹木的喜愛未減。生活也觸及不少新領域，必須持續培養知識技能才方便與朋友或仰慕者交流。我依舊鍾情自由曠野，徜徉其中彷彿洗滌身心，還能活出從前只藏在潛意識裡的生命想像。這是與過去告別的蛻變，在身體裡沉眠太久的種子總算甦醒發芽，期望有機會世代傳承。

致謝

有幸在跑步生涯中結識許多好友，受到大家的關照與啟發，這本書要獻給所有跑者、朋友、同事、對手與隊友。認識的每個人、跑過的每哩路，都在我生命中留下痕跡，因此大家都是這本書的主角。跑步有時很孤獨，亞倫．西利托（Alan Sillitoe）在《長跑者的寂寞》（*The Loneliness of the Long-Distance Runner*）中就描述那種氛圍。但跑者不會沒有夥伴，畢竟跑步具有群體性，活動中總是大家彼此理解鼓勵。我總是對無私奉獻心力時間的主辦單位充滿感激，也慶幸自己認識了很多好人，像越野隊的好夥伴弗洛伊德．亞當斯（Floyd Adams）、菲爾與梅朵．波特夫妻（Phil and Myrtle Potter）這幾位如親如師的長輩，還有欣克利中學時代很多對我展現無比耐心的良師益友，特別是左撇子顧爾德（Lefty Gould）、溫弗瑞．凱利（Winfrey Kelly）、艾絲特．敦韓（Esther Dunham）、菲爾．陶勒（Phil Towle），以及唐諾·普萊斯（Donald Price）。緬因大學四年期間我先後加入越野賽跑、室內田徑、春季田徑校隊，隊友的面孔、歡呼和他們的精神都與我同在。印象最深的是兩位已故教練鮑勃·科比（Bob Colby）和艾德蒙·史提納（Edmund Styrna）。也要特別感謝麥斯·密齊（Max Mische），從我在柏克萊愛德華茲體育場那十年算起，他已經是我五十年的好跑友。另外就是我倆都認識的馬克·格魯比（Mark Gruby），身兼心靈輔導與非正式教練兩職。前些日子和麥斯敍舊，回憶一下子全湧出來，永遠忘不掉。

更該感謝的是科學界前人，有他們帶來的啟發和靈感才有現在的我。兒時我沉迷描寫自然環境和昆蟲生理的書本，尤其對克努特·施密特·尼爾森（Knut Schmidt-Nielsen）與文森·維戈史沃斯爵士（Sir Vincent Wigglesworth）兩位印象最深刻。當然後來讀的書、接觸的作者多不勝數，但相較之下就局限於科學文獻層面。最想感謝的是緬因大學學士與碩士班時期幾位師長，至今仍清晰記得他們毫無保留地教育我、支持我、鼓勵我，分別是詹姆斯·庫克（James R. Cook）、艾伯特·巴登（Al Barden）、肯·艾倫（Ken Allen）、班·史培徹（Ben Speicher）、查爾斯·梅哲（Charles Major）、比爾·瓦盧（Bill Valleau）、亞蘭·穆恩（Alan Mun），以及法蘭克·羅伯茲（Frank Roberts）教授。再來到了加州大學，也很幸運得到喬治·巴塞洛繆（George A. Bartholomew）和弗朗茲·英格爾曼（Franz Engelmann）兩位教授指導。

更後面時期，我想感謝已故的比爾·蓋頓（Bill Gayton）。他為南緬因亂跑團貢獻良多，我雖然沒有正式加入但自認算是榮譽會員，也引以為傲。站在比賽幕後的他不僅是熱心助人的好友，還為了爭取跑者權益四處奔走，很想念他大聲喝彩精力旺盛的模樣。再來要感謝亂跑團裡陪我一起跑的達倫·比靈斯（Darren Billings），不僅向我提出挑戰美國紀錄的點子，還真的說服我相信有可能，成功將我推向巔峰。感謝妹夫查爾斯·瑟沃（Charles F. Sewall），他幾乎一夜未眠替我補充水分熱量，後來還載我去波士頓等地比賽。琳恩．詹寧斯（Lynn Jennings）是當代最傑出的中距離跑者，感謝她陪我練跑與閒晃的七年友誼。董妮．辛德森（Donne Sinderson）好人一定有好報，她喚醒空白三十年的我再度參加超馬，給我慶功，還在文書作業上幫我很多大忙。謝謝艾德華．威爾森（Edward O. Wilson）協助安排我哈佛的學術假期，並鼓勵我走上馬拉松這條路。《生命的未來》（*The Future of Life*）出版後他送了我一本，上面竟有親筆繪製的螞蟻素描，旁邊寫著「獻給我敬佩的好友伯恩」。

數十年下來，還有很多人提供關心與助力，我才能在跑步或科學兩個領域闖出些成績，藉此機會向 Jack Fultz、Jeff Fleitz、Matt Laye、John Scibetta、Benjamin Keller、Aaron Baggish、David Huish、Charles Sawyer 道謝。

也十分感激經紀人珊卓拉．迪克絲翠（Sandra Dijkstra）、編輯蓋博瑞拉・朵布（Gabriella Doob），以及 HarperCollins 出版集團的大力支持、鼓勵與耐心。

參考資料

Billings, D. "Aerobic Efficiency in Ultrarunners." *UltraRunning*, November 1984, 24–25.

Cook, J. R., and B. Heinrich. "Glucose vs. Acetate Metabolism in *Euglena*." *Journal of Protozoology* 12, no. 4 (1965): 581–84.

Costill, D. L. "A Scientific Approach to Distance Running," *Track and Field News*, 1979.

DeCoursey, P. J. "Effect of Light on the Circadian Activity Rhythms of the Flying Squirrel, *Glaucomys volans*." *Zeitschrift für Vergleichende Physiologie* 44 (1961): 331–54.

Dunlap, J. C. "Molecular Bases for Circadian Clocks." *Cell* 96, no. 2 (January 22, 1999): 271–90.

Frisch, K. von. *Bees: Their Vision, Chemical Senses, and Language.* Ithaca, NY: Cornell University Press, 1950.

Gwinner, E. "Photoperiodic Synchronization of Circannual Rhythms in the European Starling (*Sturnus vulgaris*)." *Naturwissenschaften* 64 (1977): 44–45.

Gwinner, E., and J. Dittami. "Pineal Influences on Circannual Cycles in European Starlings: Effects Through the Circadian System?" In *Vertebrate Circadian Systems: Structure and Physiology, edited by J. Aschoff, S. Daan, and G. A. Groos*, 276–84. Berlin: Springer-Verlag, 1982.

Hayes, G.L.T., et al. "Male Semelparity and Multiple Paternity in an Arid-Zone Dasyurid." *Journal of Zoology* 308, no. 4 (April 21, 2019): 266–73.

Heinrich, B. "Bee Flowers: A Hypothesis on Flower Variety and Blooming Times." *Evolution* 29, no. 2 (June 1975): 325–34.

———. "Energetics of Honeybee Swarm Thermoregulation." *Science* 212, no. 4494 (May 1981): 565–66.

———. "Energetics of Pollination." *Annual Review of Ecology and Systematics* 6 (November 1975): 139–70.

———. "The Exercise Physiology of the Bumblebee." *American Scientist* 65 (Month 1977): 455–65.

———. "The Foraging Specializations of Individual Bumblebees." *Ecological Monographs* 46, no. 2 (Spring 1976): 105–28.

———. "Heat Exchange in Relation to Blood Flow Between Thorax and Abdomen in Bumblebees." *Journal of Experimental Biology 64* (1976): 561–85.

———. "The Lessons of the Frogs." *UltraRunning.*

———. "Nervous Control of the Heart During Thoracic Temperature Regulation in a Sphinx Moth." *Science* 169, no. 3945 (August 7, 1970): 606–07.

———. "Pacing: The Lesson of the Frogs." *UltraRunning*, July–August 1987, 32–33.

———. *Racing the Antelope: What Animals Can Teach Us About Running and Life.* New York: Ecco, 2001.

———. *The Snoring Bird: My Family's Journey Through a Century of Biology.* New York: HarperCollins, 2007.

———. "Thermoregulation in Bumblebees. II. Energetics of Warm-up and Free Flight." *Journal of Comparative Physiology* 96 (June 1975): 155–66.

———. "Thermoregulation in Endothermic Insects." *Science* 185, no. 4153 (August 30, 1974): 747–56.

———. "Thoracic Temperature Stabilization by Blood Circulation in a Free-Flying Moth." *Science* 168, no. 3931 (May 1, 1970): 580–82.

———. "Weasels in Farmington." *Maine Field Naturalist* 17 (1961): 24–25.

———. "Why Have Some Animals Evolved to Regulate a High Body Temperature?" *American Naturalist* 111, no. 980 (July–August 1977): 623–40.

———. *Why We Run: A Natural History.* New York: HarperCollins, 2001.

Heinrich, B., and G. A. Bartholomew. "Roles of Endothermy and Size in Inter-and Intraspecific Competition for Elephant Dung in an African Dung Beetle, *Scarabaeus laevistriatus.*" *Physiological Zoology* 52, no. 4 (October 1979): 484–96.

Heinrich, B., and J. R. Cook. "Studies on the Respiratory Physiology of *Euglena gracilis* Cultured on Acetate or Glucose." *Journal of Protozoology* 14, no. 4 (November 1967): 548–53.

Heinrich, B., and C. Pantle. "Thermoregulation in Small Flies (*Syrphus sp.*): Basking and Shivering." *Journal of Experimental Biology* 62 (1975): 599–610.

Jordan, W. "The Bee Complex." *Science* 5 (May 1984): 58–65.

Kammer, A. E., and B. Heinrich. "Metabolic Rates Related to Muscle Activity in Bumblebees." *Journal of Experimental Biology* 61, no. 1 (August 1974): 219–27.

Kessel, E. L. "The Mating Activities of Balloon Flies." *Systematic Zoology* 4, no. 3 (September 1955): 97–104.

McKenzie, P. "When do Ultrarunners Stop Running Ultras?" *Ultrarunning* (April 1992): 31.

Noakes, T. *The Lore of Running.* New York: Oxford University Press, 1985.

Parker, J. L., Jr. *Once a Runner.* New York: Scribner, 1978.

Pérez-Rodríguez, L., et al. "Vitamin E Supplementation—but Not Induced Oxidative Stress—Influences Telomere Dynamics During Early Development in Wild Passerines." *Frontiers in Ecology and Evolution, May 21, 2019.*

Renner, M. "Über ein weiteres Versetzungsexperiment zur Analyse des Zeitsinnes und der Sonnenorientierung der Honigbiene." *Zeitschrift für Vergleichende Physiologie* 42 (September 1959): 449–83.

Riegel, P. "The Aging Slowdown." *Ultrarunning* (December 1984): 30.

Sillitoe, A. 1959. *The Loneliness of the Long-Distance Runner.* New York: Alfred A. Knopf, 1959.

Svensson, P. *The Book of Eels.* New York: Ecco, 2020.

Taigen, T. L., and Wells, K. D. "Energetics of Vocalization by an Anuran Amphibian *(Hyla versicolor).*" *Journal of Comparative Physiology B* 155: 163–70.

Thomas, E. M. *The Old Way: A Story of the First People.* New York: Sarah Crichton Books, 2006.

Travis, J. "Chilled Brains." *Science News* 152 (1997): 364–65.

van der Post, L. *The Lost World of the Kalahari.* Harmondsworth, Middlesex, England: Penguin Books, 1958.

Werner, C. M., et al. "Differential Effects of Endurance, Interval, and Resistance Training on Telomerase Activity and Telomere Length in a Randomized, Controlled Study." *European Heart Journal* 40, no. 1 (January 2019): 34–46.

Young, M. W. "The Tick-tock of the Biological Clock." *Scientific American* 282, no. 3 (March 2000): 64–71.

國家圖書館出版品預行編目資料

跟生命時鐘一起跑：活到老跑到老的生物學家對時間節律與老化的自然觀察和省思
伯恩・韓瑞希 Bernd Heinrich 著；陳岳辰 譯. --
初版. -- 臺北市：商周出版：家庭傳媒城邦分公司發行,
2022.11　面：　公分. --
譯自：Racing the Clock: Running Across a Lifetime
ISBN 978-626-318-443-5（平裝）
1. CST：傳記　2. CST：老化　3. CST：老年心理學
785.28　111015532

跟生命時鐘一起跑

原著書名／Racing the Clock: Running Across a Lifetime
作者／伯恩・韓瑞希Bernd Heinrich
譯者／陳岳辰
責任編輯／陳玳妮

版權／林易萱
行銷業務／周丹蘋、賴正祐
總編輯／楊如玉
總經理／彭之琬
事業群總經理／黃淑貞
發行人／何飛鵬
法律顧問／元禾法律事務所　王子文律師
出版／商周出版
城邦文化事業股份有限公司
臺北市中山區民生東路二段141號9樓
電話：(02) 2500-7008 傳眞：(02) 2500-7759
E-mail：bwp.service@cite.com.tw
Blog：http://bwp25007008.pixnet.net/blog
發行／英屬蓋曼群島商家庭傳媒股份有限公司城邦分公司
臺北市中山區民生東路二段141號2樓
書虫客服服務專線：(02) 2500-7718・(02) 2500-7719
24小時傳眞服務：(02) 2500-1990・(02) 2500-1991
服務時間：週一至週五09:30-12:00・13:30-17:00
郵撥帳號：19863813　戶名：書虫股份有限公司
讀者服務信箱E-mail：service@readingclub.com.tw
歡迎光臨城邦讀書花園　網址：www.cite.com.tw
香港發行所／城邦（香港）出版集團有限公司
香港灣仔駱克道193號東超商業中心1樓
電話：(852) 2508-6231　傳眞：(852) 2578-9337
E-mail：hkcite@biznetvigator.com
馬新發行所／城邦(馬新)出版集團 Cité (M) Sdn. Bhd.
41, Jalan Radin Anum, Bandar Baru Sri Petaling,
57000 Kuala Lumpur, Malaysia
電話：(603) 9057-8822　傳眞：(603) 9057-6622
Email：cite@cite.com.my

封面設計／萬勝安
排版／新鑫電腦排版工作室
印刷／韋懋印刷有限公司
經銷商／聯合發行股份有限公司
電話：(02) 2917-8022　傳眞：(02) 2911-0053
地址：新北市231新店區寶橋路235巷6弄6號2樓

■2022年11月03日初版
定價 450 元

Printed in Taiwan
城邦讀書花園
www.cite.com.tw

ISBN　978-626-318-443-5

書號：BK5202　　**書名：**跟生命時鐘一起跑　　**編碼：**

請於此處用膠水黏貼

商周出版

讀者回函卡

線上版讀者回函卡

感謝您購買我們出版的書籍！請費心填寫此回函卡，我們將不定期寄上城邦集團最新的出版訊息。

姓名：＿＿＿＿＿＿＿＿＿＿ 性別：□男 □女

生日：西元＿＿＿＿年＿＿＿＿月＿＿＿＿日

地址：＿＿＿＿＿＿＿＿＿＿

聯絡電話：＿＿＿＿＿＿＿＿ 傳真：＿＿＿＿＿＿＿＿

E-mail：

學歷：□ 1. 小學 □ 2. 國中 □ 3. 高中 □ 4. 大學 □ 5. 研究所以上

職業：□ 1. 學生 □ 2. 軍公教 □ 3. 服務 □ 4. 金融 □ 5. 製造 □ 6. 資訊
□ 7. 傳播 □ 8. 自由業 □ 9. 農漁牧 □ 10. 家管 □ 11. 退休
□ 12. 其他＿＿＿＿＿＿＿＿

您從何種方式得知本書消息？
□ 1. 書店 □ 2. 網路 □ 3. 報紙 □ 4. 雜誌 □ 5. 廣播 □ 6. 電視
□ 7. 親友推薦 □ 8. 其他＿＿＿＿＿＿＿＿

您通常以何種方式購書？
□ 1. 書店 □ 2. 網路 □ 3. 傳真訂購 □ 4. 郵局劃撥 □ 5. 其他＿＿＿＿

您喜歡閱讀那些類別的書籍？
□ 1. 財經商業 □ 2. 自然科學 □ 3. 歷史 □ 4. 法律 □ 5. 文學
□ 6. 休閒旅遊 □ 7. 小說 □ 8. 人物傳記 □ 9. 生活、勵志 □ 10. 其他

對我們的建議：＿＿＿＿＿＿＿＿＿＿

＿＿＿＿＿＿＿＿＿＿

＿＿＿＿＿＿＿＿＿＿

【為提供訂購、行銷、客戶管理或其他合於營業登記項目或章程所定業務之目的，城邦出版人集團（即英屬蓋曼群島商家庭傳媒（股）公司城邦分公司、城邦文化事業（股）公司），於本集團之營運期間及地區內，將以電郵、傳真、電話、簡訊、郵寄或其他公告方式利用您提供之資料（資料類別：C001、C002、C003、C011 等）。利用對象除本集團外，亦可能包括相關服務的協力機構。如您有依個資法第三條或其他需服務之處，得致電本公司客服中心電話 02-25007718 請求協助。相關資料如為非必要項目，不提供亦不影響您的權益。】

1.C001 辨識個人者：如消費者之姓名、地址、電話、電子郵件等資訊。
2.C002 辨識財務者：如信用卡或轉帳帳戶資訊。
3.C003 政府資料中之辨識者：如身分證字號或護照號碼（外國人）。
4.C011 個人描述：如性別、國籍、出生年月日。

請於此處用膠水黏貼